Pflege
MANAGEMENT

Sabine Richartz

# Soziale Dienste in Langzeitpflegeeinrichtungen

## Richtig organisieren und fachlich perfekt umsetzen

Qualitätsmerkmal »Individuelle soziale Betreuung«



schlütersche

**Sabine Richartz** ist Diplom-Pädagogin und arbeitet seit zehn Jahren als Leitung Sozialer Dienst in einer Senioreneinrichtung. Zuvor war sie mehrere Jahre als stellvertretende Einrichtungsleitung und Qualitätsmanagement-Beauftragte tätig. Sabine Richartz ist nebenberuflich als Dozentin aktiv und führt die Homepage demenz-dolmetscher.de.

»Wenn der Soziale Dienst richtig organisiert wird, trägt er zum Wohlbefinden der Bewohner*innen und ihrer Angehörigen bei. Das erleichtert auch die pflegerischen Aufgaben.«

SABINE RICHARTZ

**Bibliografische Information der Deutschen Nationalbibliothek**
Die Deutsche Nationalbibliothek verzeichnet diese Publikation in der Deutschen Nationalbibliografie; detaillierte bibliografische Daten sind im Internet über http://dnb.de abrufbar.

ISBN 978-3-8426-0894-8 (Print)
ISBN 978-3-8426-9180-3 (PDF)
ISBN 978-3-8426-9181-0 (EPUB)

Originalauflage


Hans-Böckler-Allee 7, 30173 Hannover
buchvertrieb@schluetersche.de
www.schluetersche.de



Lektorat: Claudia Flöer, Text & Konzept Flöer
Covermotiv: Hurca! – stock.adobe.com
Covergestaltung und Reihenlayout: Lichten, Hamburg
Satz: Sandra Knauer Satz · Layout · Service, Garbsen
Druck und Bindung: CPI Druckdienstleistungen GmbH, Erfurt

# Inhalt

# Vorwort

Als ich im Jahr 2004 während des Studiums mein erstes längeres Praktikum in einer Senioreneinrichtung absolvierte, bestand der Soziale Dienst aus einem hochqualifizierten Team: einer Heilpädagogin, einem Sozialarbeiter, einer Erzieherin und einer Altenpflegerin.

Nach meinem Studium und einigen Umwegen wurde ich wieder in einer Senioreneinrichtung tätig wurde. Doch nun musste ich erschrocken feststellen, dass ich die einzige qualifizierte Kraft war. Zu meinem Team gehörten ehemalige Frisör*innen, Kellner*innen und Verkäufer*innen. Alle verfügten natürlich über eine entsprechende Weiterbildung zur Betreuungskraft. Dahinter stand letztendlich die politische Entscheidung, Quereinsteiger*innen zu qualifizieren, um dem Personalmangel in der Altenpflege entgegenzuwirken und die Altenpflegekräfte zu entlasten.

Fakt ist: Wir werden diese Veränderung in der Qualifikation von Betreuungskräften nicht mehr außer Kraft setzen, aber wir können die Betreuungskräfte in unseren Teams entsprechend unterstützen, fortbilden und in der Praxis durch Erfahrung weiterqualifizieren.

> Viele der Bewerber*innen, die frisch aus der Weiterbildung kommen, haben Wissenslücken, sind mit bestimmten Bewohner*innen überfordert oder können sich nicht ausreichend distanzieren.

Zudem machen sich viele Bewerber*innen falsche Vorstellungen vom Beruf einer Betreuungskraft. So erhalte ich viele Anrufe von Bewerber*innen, die mir schlicht mitteilen: *»Ich gehe wirklich gern spazieren. Ich bin liebevoll und mag Senioren. Außerdem habe ich mich immer um meine Oma gekümmert!«* Wenn ich im Bewerbungsgespräch frage: »Wie betreuen Sie denn einen Wachkomapatienten?« oder »Was machen Sie, wenn der Bewohner schlecht hört und nichts sehen kann?« sind einige Bewerber*innen zunächst überfordert.

Die individuellen Bedürfnisse, Erkrankungen, Krankheitsstadien, Interessen und Vorlieben sowie Einschränkungen der Bewohner*innen eines Seniorenheimes und der Anspruch, all diesen unterschiedlichen Menschen gerecht zu werden, stellt eine hohe Anforderung an den Sozialen Dienst dar – insbesondere an die Leitung des Sozialen Dienstes.

Der Soziale Dienst hat die Aufgabe, für jeden einzelnen Bewohner ein entsprechendes individuelles Betreuungsangebot zu schaffen. Gleichzeitig wird der Soziale Dienst vom Gesetzgeber personell begrenzt und steht im Spannungsfeld zu anderen Berufsgruppen, die den Sozialen Dienst meist mit vielen Vorurteilen entgegentreten: *»Die spielen ja nur ein bisschen!«* oder *»So einen Job hätte ich auch gern – mal einen Spaziergang machen!«* Aber Sozialer Dienst ist mehr als das.

**Fazit**

Wenn der Soziale Dienst gut organisiert ist und fachlich gut umgesetzt wird, kann er zum Wohlbefinden der Bewohner*innen und Angehörigen beitragen, die sogenannten »herausfordernden Verhaltensweisen« minimieren und den Pflegealltag erheblich erleichtern. Eine gute Organisation und Umsetzung des Sozialen Dienstes fördert auch das Miteinander unter den Berufsgruppen, erzeugt Respekt und Toleranz und verbessert die Atmosphäre im Team.

Als ich in der Einrichtung den Sozialen Dienst neu organisieren wollte, suchte ich dringend nach Inspiration und Rat. Doch ich fand keine Literatur zur Organisation und effektiven Gestaltung des Sozialen Dienstes. Also habe ich nun meine Erfahrungen zu Papier gebracht und hoffe, dass Sie sie gewinnbringend anwenden können!

Bonn, im Juni 2023 — Sabine Richartz

# Einleitung

Die Soziale Betreuung im Seniorenheim muss ein breites Angebot schaffen. Ein Angebot, das noch vielschichtiger gestaltet werden muss, seit der Pflegebedürftigkeitsbegriff erweitert wurde. Nun beschäftigen wir nicht mehr nur Menschen mit Demenz oder Senioren, sondern es kommen auch jüngere Menschen mit psychischen Erkrankungen auf uns zu. Pflegeheime beherbergen meist unterschiedliche Generationen – die ältere, betagte Dame, Jahrgang 1930, soll ebenso individuell betreut werden, wie der agile Mann, Jahrgang 1965, der unter einer Schizophrenie leidet. Ein Gruppenangebot, welches all diese Personen umfasst, gibt es nicht.

Betreuung muss individuell sein, auf die Bedürfnisse des Einzelnen abgestimmt, gleichzeitig aber auch flexibel und ausgerichtet am bestehenden Rahmen einer Langzeitpflegeeinrichtung.

Es gibt aber keine Vorgaben oder Anhaltspunkte, ja, noch nicht einmal Literatur, wie diese ganzen Anforderungen unter einen Hut gebracht werden sollen.

Oft wird aus mangelnder Fachlichkeit, aus Personalnot oder anderen Gründen, der Soziale Dienst nicht adäquat umgesetzt. Die Tätigkeit der Betreuung wird von anderen Berufsgruppen als minderwertig beurteilt – teilweise sogar von den eigenen Führungskräften. In diversen Foren im Internet schildern Betreuungskräfte ihre schlechten Erfahrungen. Sie erzählen von Mobbing, Ausgrenzung und fehlender Kooperationsbereitschaft mit anderen Akteuren in der Langzeitpflege. Viele berichten, sie seien psychisch krank geworden oder hätten frustriert den Beruf gewechselt. Teilweise habe ich ähnliche Erfahrungen gemacht.

Wie kann die Arbeit im Sozialen Dienst also mehr Anerkennung erhalten? Wie kann ich mir Respekt für meine Tätigkeit erarbeiten und eine Basis, damit auch Betreuungskräfte in ihrer wichtigen Tätigkeit am Menschen respektiert werden? Wie erhalten Betreuungskräfte die Möglichkeit, ihre wertvolle Arbeit tun zu können?

Nach zehn Jahren Erfahrung im Sozialen Dienst kann ich Ihnen hier nicht das Allheilmittel anbieten. Aber ich kann Ihnen eine Methode anbieten, mit der Sie den Bereich des Sozialen Dienstes strukturieren und organisieren können. Eine Methode, die es Ihnen ermöglicht, sich einen Überblick zu verschaffen, ein individuelles, aber im Alltag umsetzbares Angebot zu gestalten und Ihre Arbeit für Andere transparent darzustellen.

# 1 Auch der schwerste Weg beginnt mit dem ersten Schritt

Gerne möchte ich ihnen vorab ein Märchen erzählen:

*Es war einmal ein abgeschiedenes, altes Haus in den Bergen. Das Haus beherbergte alte Menschen, die von jüngeren Menschen versorgt und betreut wurden. Nicht immer waren die Versorgung und die Betreuung akkurat und nicht immer waren sie liebevoll. Je weniger Liebe gegeben wurde, desto mehr verlangten die Alten danach und je mehr sie danach verlangten, desto weniger erhielten sie davon.*

*Manchmal bekamen die Alten auch Besuch von ihren Familien. Doch auch von denen konnte niemand den Teufelskreis durchbrechen. Die Angehörigen blickten in die ausgelaugten, tristen und farblosen Gesichter der Jüngeren und es schien, als würde das Haus die Energie aus ihnen heraussaugen.*

*Einige der Jüngeren waren traurig. Sie wurden krank. Andere wurden wütend und ließen ihre Wut an den Anderen oder an den Alten aus. Je mehr die Traurigen krank wurden und je mehr die Wütenden wütend wurden, desto weniger Liebe erhielten die Alten.*

*Eines Tages kam eine gute Fee daher und erkannte die Situation der Alten und auch der Jüngeren. Es brach ihr das Herz, alle leiden zu sehen. Jeder schien anders zu leiden, doch was sie alle verband, war der Wunsch nach Liebe und Zuneigung.*

*Die Fee schaute sich genau um. Sie schwebte einige Zeit über dem Haus und beobachtete die Situation. Sie sah die Einsamen, die in ihren Zimmern ausharrten. Sie sah die Ruhelosen, die sich nach Beschäftigung sehnten und sie sah die Pflegebedürftigen, die in ihren Betten lagen. Sie sah auch die Jungen, die es gern besser machen würden, aber einfach nicht wussten wie.*

*Die Fee zögerte nicht lange. Sie hatte die Situation lange genug beobachtet, jetzt musste sie nur noch Alt und Jung zur richtigen Zeit am richtigen Ort zusammenbringen. Sie zückte ihren Zauberstab und begann, das richtige Band zwischen Jungen und den Alten zu knüpfen und das richtige Maß zu finden.*

*Nach und nach fanden die zueinander Passenden den Weg zueinander. Die Alten wurden zufriedener und auch die Jungen wurden erfüllt mit Freude.*

*Plötzlich kehrte das Leben wieder in das Haus hinein. Das, was vorher trost- und leblos schien, erstrahlte voller Leben und zog auch noch in weiter Ferne Menschen in seinem Bann, die darin leben wollten.*

*Die Alten und die Jungen lebten in Glück und Harmonie zusammen und die Jüngeren versorgten und betreuten die Alten liebevoll.*

*Und wenn Sie nicht gestorben sind, dann leben sie noch heute …*

Lassen Sie das Märchen kurz auf sich wirken. Ist es bedrückend? Hoffnungsvoll? Vielleicht ergeht es Ihnen ähnlich und Sie möchten etwas ändern?

Werden Sie selbst zur Fee und zaubern Sie mit der richtigen Organisation Schritt für Schritt das Glück und die Zufriedenheit in die Gesichter aller im Seniorenheim beteiligten Akteure. Kurzum: Organisieren und strukturieren Sie Ihren Sozialen Dienst.

Jedes gute Märchen besteht daraus, dass es viele Hindernisse gibt. Ob es die kranke Großmutter oder die böse Stiefmutter ist – auf dem Weg zum glücklichen Ende müssen zunächst einige Stolpersteine überwunden werden.

## 1.1 Erster Stolperstein: »Das haben wir schon immer so gemacht!«

Ich übernahm 2013 den Sozialen Dienst in einer älteren Einrichtung. Das Personal und insbesondere die Leitungskräfte waren bereits seit vielen Jahren in der Einrichtung beschäftigt. Neue Ideen waren schwer umzusetzen. Meine Aufgabe – diesen Eindruck hatte ich – war es, alte Strukturen möglichst zu erhalten. *»Das haben wir aber immer so gemacht!«* oder *»Ihre Vorgängerin hat es aber nicht so gemacht …«* Mit diesen Sätzen sollte ich leben und arbeiten. Selbst wenn es um die jahreszeitliche Dekoration, z. B. zum Erntedankfest, ging, zeigte man mir Fotografien aus den Vorjahren und riet mir, mich daran zu »orientieren«.

Neue Ideen, etwa die Einführung der Puppentherapie – lange bevor der Expertenstandard »Beziehungsgestaltung mit Menschen mit Demenz« dies befürwortete – wurden mit großer Skepsis betrachtet, als »kindisch« und für die Einrichtung »untragbar« abgetan.

Das Festhalten an alten Strukturen verhindert Anpassung und Wachstum. Da sich auch die Gesellschaft weiterentwickelt, neue Gesetze in Kraft treten und dies letztendlich auch immer Auswirkungen auf die Strukturen in der Altenpflegeeinrichtung hat (sowohl auf Personal als auch auf die Bewohnerstruktur), ist es notwendig, eingefahrene Konzepte – welche zu einer bestimmten Zeit bestimmt gut funktioniert haben – permanent zu evaluieren und anzupassen.

Doch ich hatte Glück. Die Einrichtungsleitung wechselte und ich erhielt nun mehr Möglichkeiten, den Sozialen Dienst zu gestalten. Das zeigt auch, wie wichtig es ist, dass auch die Einrichtungsleitung vom neuen Kurs überzeugt ist.

**Tipp**

Nehmen Sie sich die Zeit. Veränderungen können nicht von heute auf morgen Wunder bewirken. In der Regel dauert es mindestens ein Jahr, bis diese spürbar werden.

Mit diesen Argumenten können Sie Überzeugungsarbeit leisten:

- Die Bewohnerstruktur verändert sich: Der medizinische Fortschritt, eine gesunde und ausgewogene Ernährung und weniger körperliche Arbeit bewirken, dass die **Bewohner*innen immer älter** werden.
- Die derzeit geltenden Gesetze führen dazu, dass Pflegebedürftige so lange wie möglich zuhause gepflegt werden – der Weg in eine Langzeitpflegeeinrichtung ist meist die letzte Option. Die Bewohnerklientel besteht daher aus **Menschen, die sich überwiegend nicht mehr selbst beschäftigen können**. Gleichzeitig haben wir einen Pflegenotstand – wenn der Soziale Dienst also nicht ausreichend Zeit erhält, qualitativ zu betreuen, machen die sogenannten »herausfordernden Verhaltensweisen« den Pflegealltag noch stressiger.
- Neue Methoden, ein gut funktionierender Betreuungsdienst, Feste und Feierlichkeiten, sind Aushängeschilder einer Einrichtung und die Faktoren, an denen Laien eine Einrichtung als gut oder weniger gut bewerten. **Mit gut funktionierender, kreativer Betreuungsarbeit lässt sich Werbung machen** – ob über Instagram, Printmedien oder über Mund-zu-Mund-Propaganda.
- So wie den Angehörigen, Ehrenamtlichen oder sonstigen Außenstehenden ist es auch den Mitarbeiter*innen in einer Langzeitpflegeeinrichtung wichtig, dass die Bewohner*innen gut beschäftigt werden. Menschen, die im sozialen Beruf tätig sind, denken auch sozial und freuen sich, wenn es den Betreuten gut geht und sie sich an der Betreuung erfreuen.[1]

Später, nachdem ich in einer Einrichtung erfolgreich war, konnte ich auch in einer anderen Einrichtung, welche ebenfalls seit Jahrzehnten besteht, mein Konzept umsetzen. Auch hier war es sehr schwierig, den Stolperstein *»Das haben wir schon immer so gemacht!«* zu überwinden und es bedarf großer Überzeugungsarbeit und einiger motivierter Mitarbeiter*innen, damit die Dinge sich ändern.

**Fazit** **Gute Betreuung – gute Atmosphäre**

Eine Optimierung des Sozialen Dienstes kann also in allen Bereichen zu einer höheren Mitarbeiterzufriedenheit führen, weniger Personalfluktuation und weniger Krankheitsausfälle bewirken.

[1] An dieser Stelle möchte ich auf die Möglichkeit der Tierintervention verweisen: Laden Sie Tiere in die Einrichtung ein. Es gibt mittlerweile ein reichhaltiges Angebot von Hundebegleitdiensten bis Alpakas, die zu begleiteten Besuchen eingeladen werden können.

## 1.2 Zweiter Stolperstein: mangelnde Schnittstellenarbeit

Eine Langzeitpflegeeinrichtung besteht nicht nur aus dem Sozialen Dienst. Ob nun die PDL, BWL oder die Hauswirtschaftsleitung – jede Fachbereichsleitung ist primär mit ihren eigenen Bereich beschäftigt.

Wir müssen verstehen, dass **alle** Bereiche gleichwertig und für den reibungslosen Ablauf in einer Langzeitpflegeeinrichtung **von gleicher Wichtigkeit** sind. Nur gemeinsam sind gute Pflege und Betreuung möglich.

In erster Linie ist hier Verständnis und Empathie auf allen Seiten vonnöten, eine Einrichtungsleitung, die allen Bereichen gleichermaßen gerecht wird sowie regelmäßige Teamsitzungen und Besprechungen.

Insbesondere bei der Betreuung und Pflege von Menschen mit demenziellen Veränderungen ist es unerlässlich, gemeinsame Maßnahmen zu entwickeln.[2]

**Beispiel** **Pflege und Betreuung – gemeinsam geht's leichter**

Frau Hahn (Name geändert) ist mit ihrem Ehemann in die Einrichtung gezogen. Beide Ehepartner sind demenziell verändert – die Demenz von Frau Hahn ist weiter fortgeschritten. Während Herr Hahn im Rollstuhl sitzt, gibt er Frau Hahn Anleitungen, wohin sie ihn schieben soll.
Frau Hahn ist sehr auf ihren Ehemann fixiert. Wenn er nicht in der Nähe ist, sucht sie ihn. Außerdem lässt sie sich pflegerisch kaum versorgen. In den ersten Wochen nach dem Einzug lässt sie sich nicht waschen – an Duschen ist gar nicht zu denken. Frau Hahn schreit, schlägt und lässt die Versorgung auch mit gutem Zureden und zu diversen Zeiten nicht zu.
In der Betreuung ist Frau Hahn besonders zugänglich, wenn die Betreuungsassistentin mit der Klappermaulpuppe Finja zu Besuch kommt. Sie knuddelt die Puppe, spricht mit ihr und singt ihr etwas vor.
So entsteht die folgende Idee: Während die Pflegekraft alles fürs Duschen vorbereitet, besucht die Betreuungskraft Frau Hahn mit Finja. Finja überzeugt Frau Hahn davon, sich waschen zu lassen, bleibt die ganze Zeit dabei und singt mit Frau Hahn während des Vorgangs aus voller Kehle bekannte Schlager und Volkslieder.

---

2 Vgl. DNQP (2019): Expertenstandard Beziehungsgestaltung in der Pflege von Menschen mit Demenz. Osnabrück

**Fazit** **Nur gemeinsam sind Sie stark!**

Arbeiten Sie im Team. Führen Sie gemeinsame Gespräche. Loben und kritisieren Sie sich angemessen, helfen und unterstützen Sie sich gegenseitig. Nur gemeinsam sind Sie stark! Das sollte Unternehmenskultur in der Langzeitpflegeeinrichtung werden.

## 1.3 Dritter Stolperstein: Betreuungskräfte betreuen nicht ausschließlich

Da die Pflege sehr teuer ist – insbesondere, weil die Personalkosten hoch sind – hat sich die Politik vor einigen Jahres etwas Besonders ausgedacht: Menschen mit eingeschränkter Alltagskompetenz sollten mehr Betreuung erhalten. Das war ein guter Ansatz. In der Konsequenz nutzen aber die Einrichtungen die Betreuungskräfte häufig dafür, um personelle »Lücken« zu schließen. Wer fährt zu den Ärzten und lässt die Versicherungskarten einlesen, wenn der Hausmeister nicht da ist? Wer übernimmt den Telefondienst, wenn die Rezeptionistin erkrankt ist? Betreuungskräfte werden bei dieser Frage auf sich zeigen ...

Und auch regelmäßige Tätigkeiten, um die Hauswirtschaft oder die Pflege zu entlasten, werden mitunter auf Betreuungskräfte übertragen – beispielsweise das Ausräumen der Spülmaschine am Nachmittag, die Ausgabe von Kaffee und Kuchen, die Abfrage von Essenswünschen, das regelmäßige Essenanreichen etc.

Auch wenn es in den Richtlinien nach § 53b SGB XI zur Qualifikation und zu den Aufgaben von zusätzlichen Betreuungskräften in stationären Pflegeeinrichtungen (Betreuungskräfte-RL) heißt, dass dies nicht erlaubt sei – ich habe noch keine Prüfungsinstanz erlebt, die dies wirklich kontrolliert hat. Und es ist kein Einzelfall. In Bewerbungsgesprächen schildern mir Betreuungskräfte, dass sie ja gern betreuen würden, aber leider so intensiv in die hauswirtschaftlichen und pflegerischen Abläufe der Einrichtungen eingebunden sind, dass die Betreuung einfach zu kurz komme.

Haben Sie sich schon einmal gefragt, aus welchem Grund die Betreuungskräfte diverse Aufgaben übertragen bekommen? Liegt es vorrangig an der Personalknappheit in den Langzeitpflegeeinrichtungen oder ist es die mangelnde Wertschätzung für die Betreuungsarbeit, ja vielleicht grundsätzlich für soziale Arbeit?

Auch hier ist eine gute Schnittstellenarbeit nötig und Aufklärung darüber, warum Betreuung wichtig ist. Dazu später mehr (▶ S. 28).

## 1.4 Vierter Stolperstein: Die Betreuungskräfte werden sich selbst überlassen

Eine Betreuungskraft hat in der Regel eine Fortbildung und eventuell bereits ein wenig Berufserfahrung. Trotzdem sind Betreuungskräfte keine Fachkräfte und, wenn sie sich selbst überlassen werden, meist ziemlich hilflos. Warum ist dies so? Die Weiterbildung ist nur unzureichend und bereitet auf viele Fälle in der Praxis nicht vor. Es kommt zu Zweifelsfällen wie:

- Was mache ich, wenn der Bewohner nach Hause will und dies über Stunden wiederholt, läuft, evtl. wegläuft?
- Wie gehe ich mit Todeswünschen von Bewohner*innen um?
- Was mache ich mit Wachkomapatienten oder Menschen, die nicht mehr kommunizieren?
- Wie gehe ich mit psychisch kranken Bewohner*innen bzw. ihrem herausfordernden Verhalten um?
- Wie gehe ich mit unangenehmen Gerüchen und Ekel um?

Eine Konsequenz daraus: Die Betreuungskraft betreut immer wieder die gleichen Bewohner*innen – die »Schwierigen« werden sich selbst überlassen. Eine Betreuungskraft sagte mir während einer Fortbildung: *»Bevor ich mich zu einem bettlägerigen Bewohner ins Zimmer setze und an meinem Handy spiele, gehe ich lieber gar nicht rein!«*

Weitere mögliche Konsequenzen:

- Auf herausfordernde Verhaltensweisen der Bewohner*innen wird mit Unverständnis oder – im schlimmsten Fall – mit Frustration und Aggression reagiert, wenn es keine pädagogisch geschulten Ansprechpartner*innen und entsprechende Feedbackgespräche gibt.
- Auch das Nähe- und Distanzverhalten bedarf ebenfalls einer kontinuierlichen Feedbackkultur.

Meine Erfahrung: Je mehr Sicherheit, je klarer die Anweisungen und die Vorgaben, desto qualitativer wird die tägliche Arbeit der Betreuungskräfte.

**Beispiel** **»Wann soll ich denn noch betreuen?«**

In der ersten Phase bei der Umstrukturierung in einer neuen Einrichtung unterhielt ich mich mit einer Alltagsbegleiterin. Wir gingen die Bewohner*innen durch, und jedes Mal, wenn ich nach einem Bewohner fragte, der eigentlich über Sinnesaktivierung und/oder Basale Stimulation® gut erreichbar gewesen wäre, sagte die Betreuungskraft: *»Da gehen wir ehrlich gesagt nur hin, um Essen anzureichen!« Oder: »Ich habe einfach keine Zeit zu betreuen, weil ich Temperatur messen muss, Essen verteilen, Hol- und Bringdienste erledigen. Und so weiter … Wann soll ich betreuen?«*
Ich war schockiert. Mein erster Gedanke: *»Die armen Betreuungskräfte werden falsch eingesetzt.«*
Am Nachmittag des folgenden Tages waren die »fitten« Bewohner*innen bei einem Angebot des Sozialen Dienstes, die Betreuungskraft arbeitete auf dem Wohnbereich. Die Situation war sehr ruhig. Die Betreuungskraft betreute nicht die Bettlägerigen, sondern hielt sich im Aufenthaltsraum auf, ohne einer weiteren Tätigkeit nachzugehen. Auf Nachfrage erläuterte sie mir, dass »alle« Bewohner*innen weg seien. Ich war sehr erstaunt und fragte nach den immobilen Bewohner*innen. »Die sind natürlich da«, erwiderte sie. In diesem Moment kam eine Pflegefachkraft und erteilte der Betreuungskraft einen Auftrag: »Hol mir doch mal bitte die Versichertenkarte von unten!« Die Betreuungskraft sprintete los.

Die Gründe für solche Situationen sind vielfältig: Die Betreuungskraft ist überfordert mit der Betreuung von stark demenziell veränderten oder immobilen Bewohner*innen. Es fehlt an Materialien. Es fehlt an Erfahrung, um Berührungsangebote oder kleine Gespräche anzubieten. Es ist der Alltag, der die Alltagsbegleitung einfach überfordert etc.

Eine Betreuungskraft berichtete mir: *»Ich muss mich jeden Morgen neu motivieren, damit ich nicht in den Alltagstrott falle. Ich will den Alltagstrott nicht. Das ist in der Betreuung nicht gut. Aber ich muss morgens bewusst die Entscheidung treffen, dass ich heute etwas Besonderes mache! Und seitdem mir das bewusst ist, ist die Arbeit, die ich leiste, besser. Die Bewohner*innen merken das und ich gehe mit einem besseren Gefühl nach Hause!«*

Eine weitere Situation, die meines Erachtens nach zustande kommt, wenn Betreuungskräfte sich selbst überlassen werden:

**Beispiel** **Fieber ... und Sterbebegleitung**

Ein Bewohner lag mit Fieber im Bett. Es ging ihm offensichtlich nicht gut. Die Pflegekräfte leiteten entsprechende Maßnahme ein, kontaktierten den Arzt, bemühten sich dann um eine Krankenhauseinweisung (Verdacht auf Lungenentzündung).
Die Betreuungskraft wollte dem Mann »etwas Gutes tun« und stellte bereits Kreuze und Engel in seinem Zimmer auf, um eine Sterbebegleitung einzuleiten ... Was das bewirken kann, kann sich jeder ausmalen. Zum Glück kam der Mann wieder gesund aus dem Krankenhaus zurück.

## 1.5 Fünfter Stolperstein: Vorlesen als einzige Möglichkeit der Betreuungsarbeit ...

In Bewerbungsgesprächen stelle ich gern die Frage: *»Stellen Sie sich vor, Sie müssen einen Bewohner betreuen – Herrn Paul (Name geändert). Herr Paul ist blind, hört schlecht und ist immobil. Wie betreuen Sie Herrn Paul?«* Trotz Weiterbildung zur Betreuungskraft können nur die wenigsten Bewerber*innen darauf eine fundierte Antwort liefern. Meist höre ich: *»Ich würde ihm etwas vorlesen!«*

Vorlesen und Spazieren gehen – das sind die gängigen Vorstellungen von Laien, wenn es um die soziale Betreuung von Senioren und Pflegebedürftigen geht. Das stupide Vorlesen erreicht den Bewohner auf nur einem Sinneskanal – dem Hören. Hinzu kommt, dass das Vorlesen an sich nicht interessant gestaltet wird, sondern monoton, leise oder mit Fehlern und »Verhaspeln« vorgetragen wird – jeder, der in den »Genuss« einer solchen Leseeinheit kommt, schaltet schnell ab oder schweift mit seinen Gedanken ab.

- Gerade wenn sich die Betreuungskraft tief in ihr Buch hineinbegibt und der Blickkontakt nicht gegeben ist, signalisiert dies dem Bewohner oft: Schlafenszeit!
- Bei Menschen mit Demenz sollte man Folgendes beachten:
  - Die Umgebung muss frei von Lärm- und Störquellen sein.
  - Es gibt Texte, die für Menschen mit Demenz gedacht sind (bekannte Texte wie Märchen oder Kindergeschichten, Vorlesebücher für Menschen mit Demenz).
  - Geeignet sind auch Texte mit biografischem Bezug oder zu der jeweiligen Jahreszeit.
  - Nicht länger als 10 Minuten vorlesen.
  - Mitsprechgedichte (bei Menschen, die verbal noch antworten können) fördern das aktive Zuhören.
- Mehrere Sinneskanäle ansprechen und das Vorlesen zu einem Event werden lassen (etwa durch den Einsatz von passenden Bildern und Figuren, Musik oder Düften).

Betreuungskräfte, die gern vorlesen, führe ich in die Möglichkeit der »Märchenarbeit« ein. Hierzu gibt es Literatur und diverse Fortbildungsmöglichkeiten.

**Beispiel** **Vorlesen mit Aha-Effekt**

Lesen Sie »Hänsel und Gretel« vor. Aber nehmen Sie dazu eine kleine Hexenfigur und ein Lebkuchenhaus. Ich habe sogar ein Lebkuchenhaus gefunden, das eigentlich ein versteckter Aromadiffusor ist, sodass man mit entsprechendem Zimtaroma noch mehr Sinne erreicht. Alle Dinge können in die Hand genommen und befühlt werden. Der Duft steigt in die Nase. Da ist die Aufmerksamkeit für die Geschichte von Anfang an da.

Noch einmal zurück zum Anfang: Der besagte Herr Paul (▶ S. 19) ist kein unüblicher Bewohner in einer Langzeitpflegeeinrichtung. Sinneseinschränkungen nehmen im Alter deutlich zu und begünstigen meist auch eine demenzielle Veränderung.

## 1.6 Sechster Stolperstein: die Ansprüche der Angehörigen

*»Wieso machen Sie nicht mal Ausflüge?«* Mit dieser Frage konfrontierte mich eine Angehörige. Sie brachte ihre Beschwerde sogar bis zur Heimaufsicht. Zu dem Zeitpunkt hatte ich bereits mehrere Ausflüge angeboten, die aber von den Bewohner*innen nicht angenommen wurden. Die Bewohnerstruktur bestand aus vielen demenziell veränderten Menschen. Ausflüge – ob eine Schiffstour oder ein Ausflug zum Weihnachtsmarkt etc. – wurden vielfach aus dem Bedürfnis nach Sicherheit abgelehnt. Bei einer angekündigten Schiffstour verbreitete sich unter den Senior*innen das Gerücht, es gäbe keine Toiletten auf dem Schiff, und natürlich wollte keiner mehr mitfahren.

Für Angehörige sind die Bedürfnisse ihrer demenziell veränderten Lieben schwer zu erfassen. Es fällt ihnen ebenso schwer, eine entsprechende Einfühlsamkeit und Verständnis für die Erkrankung zu erreichen. Sie unterstellen dem Personal dann gern eine Bequemlichkeitshaltung, bevor hinterfragt wird, was wohl wirklich das »Richtige« für den Bewohner sei. Der Sohn einer schwer demenziell veränderten Dame klagte: *»Meine Mutter erzählt nichts mehr davon, dass sie zu Musikveranstaltungen mitgenommen wird! Früher hat sie ständig davon erzählt und gesungen! Kann es sein, dass Sie sie vergessen?«*

**Fazit** **Klären Sie auf!**

Aufklärungsarbeit, Beratungsgespräche und zumindest auch das Signal zur Gesprächsbereitschaft können hier helfen, Spannungen und Vorurteile abzubauen. Gerade die Aufklärung und Beratung bei Angehörigen von demenziell veränderten Bewohner*innen ist hierbei wichtig.

## 1.7 Erkennen Sie Stolpersteine – bevor es jemand anderes tut …

Der Medizinische Dienst der Krankenkassen (MD) ist im Haus und Sie fühlen sich wie in einer Prüfungssituation? Sie erschrecken vor unangenehmen Fragen wie *»Warum hat Herr Müller das letzte Mal vor einem halben Jahr ein Beschäftigungsangebot erhalten?«* oder: *»Wie stellen Sie eigentlich sicher, dass Frau Heinrich an die frische Luft kommt?«* – Das wollen Sie sicherlich nicht … Bevor es so weit kommt, sollten Sie also genau hinschauen:

- Was sagen die Dokumentationen bettlägeriger, demenziell veränderter Bewohner*innen: Wie häufig findet eine Betreuung statt? Täglich? Wöchentlich? Oder ist die letzte Betreuung schon länger her?
- Wie werden diese Bewohner*innen betreut? Ist die Betreuung täglich, besteht aber nur daraus, dass die Betreuungskraft das Mittagessen ins Zimmer bringt? Oder findet ein an die individuellen Bedürfnisse angepasstes Betreuungsangebot statt?
- Befragen Sie die Betreuungsassistentin, weshalb sie kein angemessenes Betreuungsangebot anbietet. Hat sie zu viel zu tun? Was genau? Oder weiß sie gar nicht, was sie mit den Bewohner*innen machen soll?
- Wem sind die Betreuungskräfte unterstellt? Wenn die Pflegedienstleitung die direkte Vorgesetzte ist und nicht die Leitung des Sozialen Dienstes, sollten Sie dies nochmal überdenken.

# 2 Die Organisation des Sozialen Dienstes

Wir organisieren uns ständig selbst – Haushalt, Familie, unsere Arbeitsabläufe und Termine. Manche von uns werden als »Organisationstalente« bezeichnet – ein Talent, welches in einer leitenden Funktion meines Erachtens nach unerlässlich ist. Gerade im Pflegealltag läuft nicht immer alles rund – angefangen von Personalausfällen bis hin zu pandemiebedingten Ausnahmesituationen – und es bedarf Personen, die die Prozesse am Leben halten.

Unter »Organisation« verstehen wir im Sinne einer Institution, wie es eine Langzeitpflegeeinrichtung ist, die Strukturvorgabe, um funktionstüchtig zu sein. Organisation an sich ist ein Prozess.

Ziel des Sozialen Dienstes sollte es sein, eine individuelle, an den Bedürfnissen der Bewohner*innen ausgerichtete und regelmäßige Betreuungsarbeit zu liefern, unter Berücksichtigung der vorgegebenen Tagesstruktur der Einrichtung und der Zusammenarbeit mit anderen Berufsgruppen.

Auf der Suche nach der Optimierung aller Prozesse, nach mehr Effektivität und einer höheren Qualität in der Betreuungsarbeit, habe ich verschiedene Ansätze kennengelernt, ausprobiert und selbst entwickelt.

Als ich den Sozialen Dienst damals übernahm, habe ich zunächst die Bewohner*innen auf meine Betreuungskräfte aufgeteilt. Auf eine Betreuungskraft mit Vollzeitstelle kamen dann – wie das Gesetz es vorsah – 20 Bewohner*innen. Ich führte eine Liste, die ich an die Betreuungskräfte gab und teilte – möglichst gerecht – die Bewohner*innen auf.

Jede Betreuungskraft musste dann darauf achten, dass »ihre« Bewohner*innen gut betreut wurden – was auch immer das hieß. Und: Es hat nicht funktioniert.

War die zuständige Betreuungskraft nicht da, kümmerte sich keiner um die ihr zugeteilten Bewohner*innen. Außerdem erhielten jene Bewohner*innen eine intensivere Betreuung, die die Betreuungskraft bevorzugte (ob aufgrund von Sympathie oder weil sie sich sicher in der Methodenauswahl war, sei dahingestellt), während andere Bewohner*innen kaum Zuwendung erhielten. Der Kontrollaufwand war enorm und trotz meines Feedbacks erhielten auch weiterhin gewisse Bewohner*innen keine regelmäßige Betreuung.

Von einer anderen Einrichtung lernte ich eine weitere Möglichkeit der Organisation kennen: Die Betreuung wird nach Zeit eingeteilt. So wie es früher üblich war, Pflegeleistungen nach Zeit einzuteilen, wurde auch Betreuung organisiert: Einem Bewohner stehen zwei Stunden Betreuung die Woche (bei einer Vollzeitstelle von 40 Stunden auf 20 Bewohner*innen gerechnet) zu. Mit vier Gruppenangeboten/30 Minuten ist das schon erledigt. Es gibt Pflegeeinrichtungen, die dies klar berechnen und in der die Betreuungskraft an zwei Tagen die Woche für eine Stunde eine Bewohnerin im Zimmer besucht. Klingt logisch. Wenn wir aber davon ausgehen, dass die Bewohnerin demenziell verändert ist und eine Konzentrationsspanne von 10 Minuten hat, geht das Konzept aber am Bedarf der Bewohnerin vorbei.

Im Lauf der Jahre habe ich verschiedene Modelle ausprobiert und verworfen, Ideen und Methoden entwickelt, weiterentwickelt und verfeinert, um möglichst schnell, effektiv und einfach allen Akteuren, Mitarbeiter*innen, Angehörigen und – am wichtigsten – den Bewohner*innen gerecht zu werden, gleichzeitig aber auch die Vorgaben des Medizinischen Dienstes und der Heimaufsicht zu berücksichtigen.

Ein weiteres Ziel, das ich verfolgt habe: mit einem transparenten Plan für die Anerkennung der Betreuungsleistung bei den Kolleg*innen der Pflege und anderen Akteuren zu sorgen.

Ich lade Sie nun ein, mein Vorgehen Schritt für Schritt nachzuvollziehen und vielleicht sogar nachzuahmen. Sicher haben Sie selbst noch weitere Ideen, um den Prozess zu vereinfachen oder effektiv zu gestalten. Zunächst schauen wir uns jedoch an, was der Medizinische Dienst eigentlich von uns möchte.

## 2.1 Was will eigentlich der MD?

Auch der Soziale Dienst wird von diversen Prüfungsinstanzen kritisch beleuchtet. Diese Prüfungsinstanzen, wie der Medizinische Dienst der Krankenkassen (MD), sollen u. a. auf Missstände hinweisen. In ihrem Prüfungskatalog haben sie demzufolge einen idealen Sozialen Dienst skizziert. Schauen wir uns die Kriterien des MDs genauer an:

Aus dem Fragenkatalog des MDs[3] wird ersichtlich, welch hoher Stellenwert auf die individuelle Betreuung der Bewohner*innen gelegt wird:

Im Punkt 8.1 a und b geht es um die Gruppenangebote:

- *8.1 a – Werden im Rahmen der Betreuung Gruppenangebote gemacht?*[4]
  Laut MD ist der Punkt dann erfüllt, wenn an mindestens **fünf von sieben Tagen** in der Woche Gruppenangebote gemacht werden. Dies wird anhand der Wochen- und Monatspläne kontrolliert.
- *8.1 b – Werden im Rahmen der Betreuung Angebote für Bewohner*innen gemacht, die nicht an den Gruppenangeboten teilnehmen können?*
  Laut MD sind hier Bewohner*innen gemeint, die *»aufgrund kognitiver Defizite, Einschränkungen in der Mobilität oder anderer Handicaps nicht an Gruppenangeboten teilnehmen können«*[5]. Das Einzelangebot muss bei diesen Bewohner*innen an **mindestens drei von sieben Tagen** in der Woche erfolgen.

Wichtig ist also zu wissen: Welche Bewohner*innen erreiche ich mit meinen Gruppenangeboten und welche Bewohner*innen benötigen Einzelbetreuung?

Bei den Gruppenangeboten ist natürlich auch darauf zu achten, dass diese angenommen werden. Was bringt es »Stadt – Land – Fluss« zu spielen, wenn nur zwei Bewohner*innen des Wohnbereiches in der Lage sind, das Spiel umzusetzen, einen Stift zu halten oder konzentriert bei der Sache zu sein?

Der MD wird aber noch konkreter und bewertet, ob die Gruppenangebote auch »zielgruppenspezifisch« sind (Frage 8.3). Der MD erfasst hier z. B., ob bestimmte religiöse Gruppen ein Angebot erhalten oder ob Sie in Ihrer Einrichtung z. B. gezielt ein Ange-

---

[3] Vgl. Qualitätsprüfungs-Richtlinien Transparenzvereinbarung Grundlagen der Qualitätsprüfungen nach den §§ 114 ff SGB XI Teil 2 - Stationäre Pflege

[4] Vgl. QPR Teil 2 - Stationäre Pflege - Anlage 2: Prüfanleitung zum Erhebungsbogen Punkt 8.1a

[5] Vgl. ebd., Punkt 8.1b

bot für Männer machen. Auch hier hängt alles davon ab, wie Ihre Bewohnerstruktur aussieht.

**Tipp**
Werden Sie kreativ. Ich bin dazu übergegangen, die Zielgruppe in den Wochenplänen etwas humoristisch zu beschreiben. Zum Beispiel: »Kochgruppe – für Hobbyköche und Leckermäulchen« oder »Gedächtnistraining – für Bewohner*innen ab 65+«.

Sie sehen, dass der MD fordert, **dass für jeden Bewohner ein individuelles Angebot** gemacht wird. Manche Kollegin tendiert dazu, vorschnell zu sagen: *»Der Bewohner beschäftigt sich selbst. Er benötigt keine Betreuung.«* Aber ist das wirklich so? Gibt es nicht vielleicht doch etwas, was die Betreuungskraft tun kann? Ein wohlwollendes Gespräch? Vielleicht auch nur gemeinsames Fernsehen, gegen die Einsamkeit?

Die Individualität der Maßnahmeplanungen und der Angebote muss im Rahmen der Möglichkeiten der Einrichtung geschehen. Das heißt natürlich nicht, dass Sie nun für jemanden, der früher Autorennen gefahren ist, eine Kartbahn bauen müssen – um es überspitzt zu sagen. Aber der Bezug zur Biografie kann z. B. über den Einsatz von Büchern zum Thema »Rennsport« angeboten werden oder über das gemeinsame Anschauen von Rennsport im Fernsehen.

**Beispiel** **Frau Eisen hat zu nichts Lust**

Frau Eisen (Name geändert) lebt zurückgezogen in ihrem Zimmer. Sie ist mobil eingeschränkt, etwas übergewichtig und an den Rollstuhl gebunden. Sie erhält nicht allzu oft Besuch. Ihr Mann ist verstorben und ihr Sohn lebt weiter weg.
Sie beschäftigt sich gern mit Kreuzworträtseln und Fernsehen. An Gruppenangeboten möchte sie nicht teilnehmen. Insbesondere Angebote, bei denen gesungen wird, stimmen sie traurig. Spaziergänge lehnt sie ab: »Da habe ich Angst, ich falle aus dem Rollstuhl!«
Kommt die Betreuungskraft ins Zimmer und macht Frau Eisen diverse Angebote, sagt diese: »Lassen Sie mich damit in Ruhe. Wenn ich was brauche, melde ich mich schon!«

Vorschnell könnte man diesen Fall mit den Worten abtun: »Frau Eisen beschäftigt sich selbst, sie lehnt Gruppenangebote ab.« Aber hat Frau Eisen nicht auch ein Recht auf soziale Kontakte?

Frau Eisen ist ein Fallbeispiel aus meiner Praxis und wir lösten diesen Fall folgendermaßen: Zunächst baute eine Betreuungskraft über mehrfache kurze Kontakte einen Zugang zu Frau Eisen auf. Mit der Zeit dauerten die kurzen Kontakte immer länger. Schließlich zog Frau Eisen ihre Fotoalben aus dem Schrank und berichtete von ihrer Vergangenheit. Die Beziehung verfestigte sich weiter und Frau Eisen konnten kleine »Gefälligkeiten«, wie eine Maniküre, angeboten werden. Auch wenn Frau Eisen weiterhin gern in ihrem Zimmer blieb, wurden diverse Maßnahmen entwickelt, die Frau Eisen angeboten werden konnten und ihr Wohlbefinden erhielten und förderten.

Die täglichen Kontakte ermöglichten einen vertrauensvollen Beziehungsaufbau. Frau Eisen war sogar bereit, mit der Betreuungskraft zunächst kleine Spaziergänge zu unternehmen. Schließlich äußerte Frau Eisen den Wunsch, in ihr Heimatdorf zu fahren, bestellte ein Rollstuhltaxi und fragte die Betreuungskraft, ob sie sie begleiten könnte.

**Tipp**

**Bauen Sie den Kontakt langsam auf**

Es ist also ratsam, einen Bewohner zunächst kennenzulernen und abhängig davon die Maßnahmeplanung zu entwickeln. Eine kontinuierliche Betreuung – im besten Fall durch die gleiche Betreuungskraft (wie in der Bezugspflege) – ermöglicht eine vertrauensvolle Zusammenarbeit, wirkt gegen Vereinsamung und führt zur Zufriedenheit sowohl beim Bewohner als auch bei der Betreuungskraft.

Der MD fordert unter Punkt 8.9[6] die Begleitung in der Eingewöhnungszeit des Bewohners und sieht diesen Punkt nur dann als erfüllt an, wenn die Einrichtung ein Konzept zur Eingewöhnung hat und auch in der Lage ist, die Eingewöhnung des einzelnen Bewohners auszuwerten (Integrationsgespräch).

Empfehlenswert ist es, bei jedem Neueinzug eine tägliche Begleitung durch die Betreuungskräfte einzuplanen. Die Betreuungskraft kann so

- ein Bild vom Bewohner erwerben,
- eine Beziehung zum Bewohner aufbauen,
- zu diversen Betreuungsangeboten einladen und herausfinden, welche Vorlieben der Bewohner hat und
- andere Bewohner*innen, Mitarbeiter*innen und den Heimbeirat vorstellen und damit versuchen, den Bewohner in die Gemeinschaft zu integrieren.

---

6 Vgl. ebd., Punkt 8.9

Mit einer entsprechenden Maßnahme, die von den Betreuungskräften täglich unterzeichnet wird, kann auch dieser Punkt 8.9 als erfüllt angesehen werden.

Weiterhin empfiehlt es sich, am Lebensende ähnlich vorzugehen und die Maßnahme »Sterbebegleitung« dann täglich anzubieten. (Wobei der MD hierzu nur ein Sterbekonzept sehen möchte). Damit können Sie als Leitung des Sozialen Dienstes feststellen, dass Ihre Mitarbeiter*innen tatsächlich die Sterbebegleitung durchführen.

Ein Schwerpunkt bei der Beurteilung des Sozialen Dienstes legt der MD auf die Betreuung demenziell veränderter Menschen. Er orientiert sich dabei an dem Expertenstandard »Beziehungsgestaltung von Menschen mit Demenz«.

Außerdem legt der MD erfahrungsgemäß einen großen Schwerpunkt auf Kenntnisse der Biografie und deren Einbeziehung in die Entwicklung der Maßnahmen (Punkt 14.2). Auch hier zeigt sich, wie wichtig die Biografiearbeit durch den Sozialen Dienst ist. Nehmen wir nur das Thema »Ernährung«. Ganz schnell kann durch eine unzureichende Dokumentation der Anschein entstehen, dass der Bewohner mangelernährt wird. In so einem Fall »sucht« der Prüfer nach Informationen und Einträgen zum Thema Ernährung/Vorlieben etc. durch den Sozialen Dienst.

Ferner sollte aus der Maßnahmeplanung ersichtlich sein, dass die von Ihnen gemachten Angebote für Menschen mit Demenz geeignet sind und an den individuellen Bedürfnissen ausgerichtet sind.

Auch ist es für den MD von zentraler Bedeutung, das Wohlbefinden von Menschen mit Demenz zu erfassen.

**Fazit** **Die gut funktionierende Schnittstelle**

Hier wird deutlich, dass gerade die Schnittstellenarbeit zwischen Pflege und Betreuung von zentraler Bedeutung ist – ob Prüfungssituation oder Alltag. Doch Pflege und Sozialer Dienst sind sich leider nicht immer grün. Zudem nimmt der Soziale Dienst in den Prüfungen durch den Medizinischen Dienst mittlerweile nur noch eine Nebenrolle ein.

## 2.2 Mehr Pflegequalität durch Kooperation aus Pflege und Betreuung

Ein Plädoyer für die Zusammenarbeit zwischen Pflege und Betreuung – das fällt mir leicht, liegt es mir doch seit Jahren am Herzen. Ich bin davon überzeugt, dass der Soziale Dienst einen wesentlichen Teil zum Wohlbefinden der Bewohner*innen beiträgt. Seit ich im Seniorenheim als Leitung im Sozialen Dienst arbeite, habe ich allerdings immer wieder erlebt, dass meine Tätigkeit sowie die Tätigkeit der Kolleg*innen des Sozialen Dienstes im Kontext einer Langzeitpflegeeinrichtung teilweise geringschätzig beurteilt werden:

- Die Qualifizierung von Betreuungspersonal ist oft mangelhaft.
- Krankheitsausfälle von Betreuungskräften werden nicht ersetzt.
- Es fallen Aussagen wie: »Das bisschen Spazierengehen – das kann jeder!«
- Das Betreuungspersonal soll pflegerische oder hauswirtschaftliche Tätigkeiten übernehmen oder Besorgungsfahrten tätigen.

All dies ereignet sich, weil die Betreuung der Bewohner*innen einen geringen Stellenwert einnimmt, auf die man im »Notfall« verzichten zu können meint. Diese mangelnde Wertschätzung der Betreuung kommt meist durch stark ausgeprägte Hierarchien zustande – nicht selten sind es Pflegeassistent*innen, die den Betreuungskräften Aufgaben übertragen. Die Konsequenz: Der Bewohner kommt zu kurz, das Bedürfnis nach Beschäftigung, nach emotionaler Zuwendung, gerade bei demenziell veränderten Menschen, kann nicht erfüllt werden. Es kommt vermehrt zu herausfordernden Verhaltensweisen. Ein Teufelskreis, der die Pflege dann zusätzlich belastet.

Zusätzlich resultiert aus dieser Spirale eine mangelnde Zufriedenheit – sowohl beim Pflege- als auch beim Betreuungspersonal. Die Betreuungsassistent*innen haben das Gefühl, dem Bewohner nicht gerecht zu werden, da die Zeit schon von Gesetzes wegen her eng bemessen wird (wöchentlich hat jeder Bewohner einen Anspruch auf gerade mal zwei Stunden Betreuung).

Wenn Betreuungskräfte keine Chance haben, konstruktive Betreuungsarbeit zu leisten, führt dies zu zusätzlichen Konflikten mit dem gestressten Pflegepersonal, da diese keinen Sinn in der Beschäftigung von Betreuungskräften sehen. Eine Konsequenz ist messbar: eine höhere Gabe an Psychopharmaka bei demenziell veränderten Bewohner*innen und erhöhte Krankenausfälle beim Personal.

Wie kann dieser Teufelskreis aufgebrochen werden? Meiner Erfahrung nach gelingt das nur mit dem Aufbrechen von Hierarchien. Vergleichen wir die Langzeitpflegeeinrichtung mit einer Fußballmannschaft: Die Pflegekräfte sind die Stürmer, Betreuung, Hauswirtschaft und Verwaltung teilen sich die restlichen Positionen. Jeder Spieler hat seine Aufgaben, gleichzeitig müssen sich aber alle aufeinander einlassen, um gemeinsam an einem Ziel und dem Erfolg zu arbeiten – das Wohlergehen des einzelnen Bewohners ist sozusagen der Torerfolg.

Die Leitungsebene übernimmt dabei die Position des Mannschaftskapitäns: Sie fungiert gemeinsam als Vorbild, steigert die Motivation und animiert die Mitspieler*innen zum konstruktiven Handeln. Die Leitungsebene hält die Mannschaft zusammen. So wie im Fußball funktionieren gute Teams aber nur dann, wenn die Hierarchien flach gehalten werden und Führungskräfte sich ihren Mitarbeiter*innen gegenüber loyal und kollegial verhalten.

Und das können Sie tun:

- In der praktischen Umsetzung bedeutet dies zunächst die Teilnahme der Betreuungskräfte an den Übergaben und die Förderung des gemeinsamen Austausches. An regelmäßig stattfindenden Fallgesprächen nimmt jeder teil, der mit dem Bewohner interagiert – nur so ist eine ganzheitliche Sicht des Bewohners möglich.
- Klare Strukturen, Aufgabenverteilungen und Absprachen verhindern, dass die Mitarbeiter*innen sich gegenseitig Aufgaben zuschieben. Betreuungskräfte sind einzig für die Soziale Betreuung zuständig. Eine gut strukturierte, kreative Betreuungsarbeit führt zum Wohlergehen der Bewohner*innen und führt letztendlich auch zu einem positiven und stressfreien Miteinander von Bewohner*innen, Pflegekräften und Betreuungsassistent*innen.
- Pflegedienstleitung und Leitung des Sozialen Dienstes stehen im regelmäßigen Austausch miteinander und wirken als Einheit. Die Leitung des Sozialen Dienstes ist genauso wie die Pflegedienstleitung bei internen Prüfungen anwesend und beteiligt. Eine gewaltfreie, wertschätzende und empathische Kommunikation wird gelebt und vorgelebt, gleichzeitig kann das Personal mitwirken und entscheiden.

Tom Kitwood[7] verweist darauf, dass eine gute Beziehung zwischen Pflegepersonal und Menschen mit Demenz nicht nur auf die Verrichtung grundpflegerischer Versorgung reduziert werden kann. Gemeinsame Feiern, an denen auch das Pflegepersonal teilnimmt, führen etwa dazu, dass das Wohlbefinden und die Beziehung aller in der Langzeitpflege Agierenden gefördert werden und langfristig eine höhere Qualität entsteht. Wir können also nur mit den Bewohner*innen eine gute Beziehung pflegen, wenn wir sie ganzheitlich betrachten und die positiven Aspekte des Miteinanders nicht nur dem Betreuungspersonal überlassen.

---

[7] Vgl. Kitwood T. (2004): Demenz. Der person-zentrierte Ansatz mit verwirrten Menschen. 3. erweiterte Aufl. Deutschsprachige Ausgabe hrsg. von C. Müller-Hergl. Huber, Bern.

Das folgende Beispiel aus der Praxis zeigt deutlich, welche positiven Ergebnisse Sie mit einer guten Zusammenarbeit zwischen Pflege und Betreuung erreichen können:

**Beispiel** **Frau Ludwig ist Aufmerksamkeit gewohnt**

Frau Ludwig (Name geändert), demenziell verändert, zog nach einem Sturz in die Langzeitpflegeeinrichtung. Aus einem Gespräch mit ihrer Schwester war bekannt, dass Frau Ludwig kinderlos war und ihr Ehemann sie zeitlebens sehr umsorgt hat. Frau Ludwig, so die Schwester, stand stets im Mittelpunkt der Aufmerksamkeit. Frau Ludwig nahm in der Langzeitpflegeeinrichtung nicht an Gruppenangeboten teil, mied andere Bewohner*innen und klammerte sich an das Pflegepersonal, zog am Ärmel, verfolgte diese von Zimmer zu Zimmer. Manchmal weinte sie fürchterlich. Sie beschäftigte sich damit, ihren Kleiderschrank aus und wieder einzuräumen, schmutzige Wäsche mit sauberer Wäsche zusammenzulegen usw.
Der Soziale Dienst begann damit, morgens, direkt nach dem Frühstück, einen kurzen Spaziergang mit Frau Ludwig zu unternehmen. Der Spaziergang fand draußen statt, ohne dass ein weiterer Bewohner dabei war. In dieser 1:1-Situation konnte Frau Ludwig sich entspannen, die herausfordernden Verhaltensweisen ließen allmählich nach.

Solch ein Erfolg bestätigt: Die Zusammenarbeit zwischen Pflege und Sozialen Dienst kann die Qualität in der Langzeitpflegeeinrichtung enorm steigern.

**Tipp**

Mit diesen Maßnahmen verbessert sich die Zusammenarbeit zwischen Pflege und Betreuung:

- Gemeinsame Übergaben und regelmäßige Fallgespräche
- Teilnahme der SD-Leitung an internen Prüfungen
- Gemeinsame Fortbildungen zu interdisziplinären Themen
- Teilnahme der Pflegekräfte an Festen und Ausflügen
- Gewaltfreie Kommunikation und flache Hierarchien
- Klare Strukturen und Vorgaben

# 3 In vier Schritten kommen Sie zum Ziel: der gut organisierte Soziale Dienst

Leider ist es nicht immer wie im Märchen und es kommt eine gute Fee vorbei, die alles für uns in Ordnung bringt. Es ist immer ein Trial-and-Error-Verfahren: Was funktioniert gut und kann behalten werden, was muss verworfen oder angepasst werden? Nicht immer ist das Vorhandene gänzlich unbrauchbar. Bedenken Sie dies, wenn Sie einen Sozialen Dienst neu übernehmen. Lassen Sie sich Zeit und beobachten Sie zunächst: Was ist gut? Was kann beibehalten werden? Ein übereifriger Aktionismus ist nicht immer vorteilhaft und kann zur Verunsicherung der Betreuungskräfte führen.

Menschen sind unterschiedlich, trotzdem können wir der Einfachheit halber eine Einteilung in Gruppen vornehmen. Ziel ist es, einen ausgereiften Tourenplan (▶ Kap. 8) zu erstellen, an dem sich die Betreuungskräfte orientieren können und der es ermöglicht, keinen Bewohner auszulassen. Um dieses Ziel zu erreichen, werde ich Ihnen nun in vier Schritten das Vorgehen erklären, sodass Sie diese Methode auf Ihrer Einrichtung/den Sozialen Dienst anwenden können.

**Im ersten Schritt** nehme ich eine Einteilung in drei Personengruppen vor:
- Bewohner*innen, die nicht an Gruppenangeboten teilnehmen wollen (oder können), aber verbal in der Lage sind, in Kontakt zu treten.
- Immobile und kognitiv eingeschränkte Bewohner*innen.
- Bewohner*innen, die gern an Gruppenaktivitäten teilnehmen.

Im **zweiten Schritt** erstellen wir einen Tourenplan für die Betreuungskräfte, der sich mit dem Maßnahmeplan für die Bewohner*innen deckt.

Im **dritten Schritt** wird dann ein Wochenplan erstellt, der sich mit den Maßnahmen für die Bewohner*innen und dem Tourenplan der Betreuungskräfte zu einer Einheit verbindet (▶ Abb. 1).

**Der vierte Schritt** umfasst die stetige Evaluation des Prozesses mit dem Ziel, den Tourenplan für die Betreuungskräfte und den Maßnahmeplan für die Bewohner*innen aktuell zu halten.

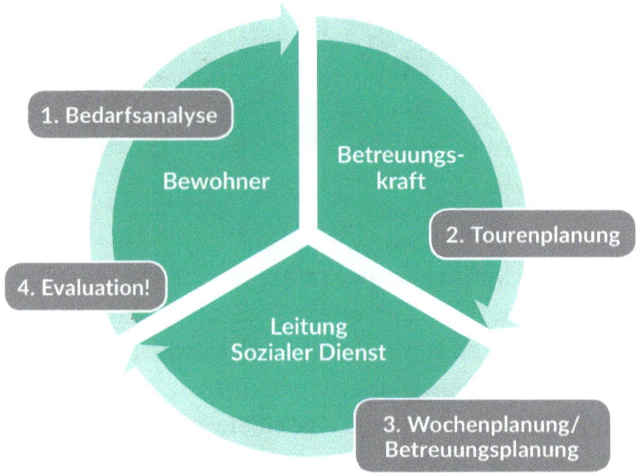


Abb. 1: Qualität in der Betreuungsarbeit ist ein Kreislauf aus Bedarfsermittlung und Evaluation.

Im weiteren Verlauf beschreibe ich alle vier Schritt einzeln und detailliert, damit Sie diese einfach umsetzen und auf Ihre Einrichtung anpassen können. Selbstverständlich ist meine Vorgehensweise kein Muss und auch nicht gesetzlich vorgeschrieben. Sie erleichtert Ihnen aber den Überblick und die Umsetzung der gesetzlichen Forderungen.

## 3.1 Schritt 1: Erstellen Sie die Bedarfsanalyse

Egal, ob Sie neu starten und sich einen Überblick verschaffen wollen oder ob Sie den Sozialen Dienst effizient rundum erneuern wollen: Eine Bedarfsanalyse ist unerlässlich.

Diesen Schritt führen Sie nicht nur zu Beginn aus, sondern auch immer wieder während der Evaluation.

### 3.1.1 Ziele

Mit der Bedarfsanalyse
- verschaffen Sie sich einen Überblick über die Bewohnerstruktur,
- haben Sie die Grundlage für die Maßnahmenentwicklung und den Tourenplan,
- verfügen Sie über den Überblick, ob und in welchem Rahmen Gruppenangebote nötig sind,
- entsteht eine Grundlage zur Argumentation, wenn z. B. Anfragen von außen kommen (»Warum machen Sie eigentlich keine Ausflüge?«).

### 3.1.2 Vorgehen

Erstellen Sie eine Liste (▶ Tab. 1) und teilen Sie die Bewohner*innen grob in drei Gruppen ein:
- Diejenigen, die nicht an Gruppenangeboten teilnehmen wollen (oder können) aber verbal in der Lage, sind in Kontakt zu treten.
- Immobile und kognitiv eingeschränkte Bewohner*innen.
- Bewohner*innen, die gern an Gruppenaktivitäten teilnehmen.

#### Gruppenangebote

Unser erstes Ziel in der Sozialen Betreuung ist es, Gemeinschaft und Kontakt zu ermöglichen. In Gruppenangeboten ist dies am ehesten möglich. Außerdem können wir über Gruppen Zeit einsparen: Je mehr Bewohner*innen Gruppenangebote bevorzugen, desto effektiver ist die Zeit genutzt.

Gruppe ist jedoch nicht immer gleich Gruppe. Hier gibt es auch noch mal Differenzierungen zwischen kognitiv »fitten« Bewohner*innen und demenziell veränderten Menschen, die in Kleingruppen betreut werden müssen.

#### Einzelangebote

Immer wieder kommen Bewohner*innen auf uns zu, die »für sich« sein möchten, die sich vielleicht von »den Anderen« abgrenzen wollen. Sie hören Sätze wie: *»So doof wie die bin ich nicht«* oder *»Ich bin ja nicht dement«* oder *»Eigentlich gehöre ich nicht hierher«*. Die Bewohner*innen ziehen sich auf ihre Zimmer zurück und/oder sprechen ausschließlich mit dem Personal.

**Beispiel** »Das ist nicht mein Zuhause!«

Eine meiner größten Herausforderungen war eine Dame mit beginnender demenzieller Veränderung, die eines Tages direkt aus dem Krankenhaus zu uns kam. Frau Klein (Name geändert), war zuhause gestürzt. Da sie keine Angehörigen hatte, beauftragte das Krankenhaus einen gesetzlichen Betreuer, der einen Heimplatz suchte und fand. Frau Klein wurde mit dem Transportdienst zu uns gebracht, weigerte sich jedoch, in die Einrichtung einzutreten: »Ich will nach Hause. Das hier ist nicht mein Zuhause«, wiederholte sie. »Wenn ich da reingehe, komm ich nie nach Hause!« Mit Argumenten kamen wir in dem Fall nicht weiter. Es dauerte geschlagene drei Stunden, bis wir Frau Klein überzeugt hatten, sich wenigstens das Zimmer anzuschauen. Im weiteren Verlauf zog sich Frau Klein auf ihr Zimmer zurück. Kontakte zu anderen Bewohner*innen lehnte sie ab. Nur wenn die Betreuungskraft mit ihr »Mühle« spielte, taute sie etwas auf. Der Wunsch nach dem »Zuhause« war permanent da.

Bewohner*innen, die gegen ihren Willen und ihre Zustimmung in die Einrichtung gebracht werden, sind stets eine große Herausforderung und bedrücken mich oft mit – Ich kann ihr ablehnendes Verhalten gut nachvollziehen. Aber nicht nur diejenigen, die sich von anderen Bewohner*innen abgrenzen wollen, sondern auch Bewohner*innen, die vielleicht kognitiv die Vorgänge in einer Gruppe nicht mehr nachvollziehen können, mit denen aber etwas Bewegungstherapie oder eine kleine Einzelaktivierung möglich ist, gehören zu dieser Gruppe.

### 3.1.3 Immobile und kognitiv eingeschränkte Bewohner*innen

In diese Kategorie gehören ausschließlich Bewohner*innen, mit denen man verbal keine Kommunikation mehr führen kann und die ausschließlich über die Sinne erreicht werden können. Das kann die Wachkomapatientin sein oder der stark demenziell veränderte oder sinneseingeschränkte Bewohner.

Wenn Sie die Bewohner*innen gut kennen, können Sie die Bedarfsanalyse selbst ausfüllen, ansonsten holen Sie sich Hilfe (eine langjährige Betreuungskraft, die die Bewohner*innen gut kennt, kann dies einschätzen. Sie können aber auch eine Pflegekraft oder die Angehörigen befragen). Verschaffen Sie sich selbst einen Eindruck oder befragen Sie die Bewohner*innen nach ihren Vorlieben (soweit dies geht).

Ich empfehle, jede Wohngruppe einzeln zu erfassen, um den Überblick nicht zu verlieren (es sei denn, Sie haben eine Einrichtung, die weniger als 60 Bewohner*innen umfasst, was äußerst selten ist).

**Tipp**

Wenn Sie die Bewohner*innen noch nicht gut kennen, möchte ich Sie dazu anregen, eine weitere Zeile in die Tabelle (▶ Tab. 1) einzufügen und sich Eselsbrücken zu machen. Gerade wenn viele neue Bewohner*innen auf einen zukommen, eignet sich die Arbeit mit Bildern.
So habe ich mir bei einer Bewohnerin das Wort »Handtasche« notiert, da sie in Sorge um ihre Handtasche war, als ich im Zimmer war und sie kennengelernt habe. Im Büro sitzend, nachdem ich bei weiteren 20 Bewohner*innen war, konnte ich diese Bewohnerin anhand der Handtasche noch zuordnen.

**Tab. 1: Erfassung der einzelnen Wohnbereiche und ihrer Bewohner*innen**

| Bewohner*innen Name | Zimmer Nr./WB | Gruppen-angebote | Einzelbetreuung | Immobil/kognitiv eingeschränkt |
|---|---|---|---|---|
| | | | | |
| | | | | |
| | | | | |

Natürlich können Sie eine Bedarfsanalyse nach Ihren eigenen Wünschen und Vorstellungen gestalten. Jede Bedarfsanalyse kann entweder grob und einfach gehalten werden oder ins Detail gehen. Für den Anfang – insbesondere, wenn Sie die Bewohner*innen noch nicht gut kennen – eignet sich ein grober Überblick.

Je sicherer Sie sich mit der Methode fühlen, desto mehr Kriterien können Sie in Ihre Analyse einfließen lassen und zusätzlich Faktoren wie Gottesdienstbesuche, bestimmte einrichtungsbezogene Angebote wie Tierintervention, Puppentherapie usw. einfügen.

Abhängig von diesen drei Kategorien schaffen Sie im nächsten Schritt einen Tagesablauf, mit dem jedem Bewohner effizient ein individuelles Betreuungsangebot unterbreitet werden kann.

Was Sie aus der Bedarfsanalyse ableiten können:

- Wenn Ihre Liste mit Leben gefüllt haben, sehen Sie nun, wie viele Bewohner*innen an Gruppenangeboten teilnehmen möchten.
- Sie sehen, ob Sie ein Angebot für immobile, kognitiv eingeschränkte Bewohner*innen machen müssen.

- Sie können bereits jetzt grob erfassen, ob Sie viel Zeit für Einzelbetreuungen verplanen müssen.
- Außerdem sehen Sie, wie viele Bewohner*innen an Gruppenangeboten teilnehmen möchten.

**Die Schritte im Überblick**

- Erstellen Sie eine Tabelle (▶ Tab. 1).
- Erfassen Sie alle Bewohner*innen, die in Ihrer Einrichtung leben oder verfahren Sie wohnbereichsbezogen (abhängig von Größe der Einrichtung).
- Holen Sie sich ggf. Unterstützung von Kolleg*innen und Mitarbeiter*innen, die die Bewohner*innen gut kennen.

## 3.2 Schritt 2: Planen Sie Maßnahmen und gestalten Sie Touren

Sie fragen sich vielleicht, was ein Tourenplan ist. Ich habe über eine Pflegedienstleitung den Tourenplan für die Pflege kennengelernt und war begeistert. Im Tourenplan ist vermerkt, welche Bewohner*innen von der Pflegekraft zu welchen Zeiten gepflegt werden usw. Damit ist klar geregelt, welcher Mitarbeiter für welchen Bewohner zuständig ist. Die Pflegekräfte müssen das vor Schichtbeginn nicht selbst aushandeln. Der Tourenplan ist gerecht verteilt und an den Bedürfnissen der Bewohner*innen orientiert.

Gerade wenn mehrere Mitarbeiter*innen in einem Wohnbereich tätig sind, sorgt ein Tourenplan für Sicherheit und Gerechtigkeit. Außerdem ist nachvollziehbar, welche Pflegekraft für welchen Bewohner zuständig ist (Kontrollinstanz).

Einziger großer Nachteil des Tourenplans: Er muss ständig aktualisiert werden, da sich der Bedarf der Bewohner*innen verändert, z. B. wenn Bewohner*innen ein- oder ausziehen.

So übertragen Sie den Tourenplan der Pflege nun in die Betreuungsarbeit: Wie auch Maßnahmen in der Pflege werden Maßnahmen im Sozialen Dienst geplant. Idealerweise werden Maßnahmen so konkret wie möglich geplant (Uhrzeit, Häufigkeit, Tage). Um zu erfahren, wann der Bewohner z. B. für den Spaziergang aufgesucht wird, müsste die Betreuungskraft in die Maßnahmeplanung schauen. Der Tourenplan wird also auch zum Abbild der Maßnahmenpläne. Er ist transparent – das heißt für alle Akteure nachvollziehbar und ersichtlich.



### 3.2.1 Ziele

Mit dem Tourenplan
- können Sie aus der Bedarfsanalyse schnell einen Tagesablauf für Ihre Betreuungskräfte erarbeiten,
- stellen Sie sicher, dass alle Bewohner*innen betreut werden und keiner vergessen wird,
- erkennen Sie, dass Touren- und Maßnahmeplanung der Bewohner*innen identisch sind.

Ihr Tourenplan muss zunächst mit den Dienstzeiten der Betreuungskräfte übereinstimmen. Viele Einrichtungen bevorzugen ein Schichtdienstsystem mit zwei kurzen Diensten (etwa vier Stunden am Tag). Meines Erachtens ergeben sich daraus einige Probleme:
- Die Dienste sind so kurz, dass die Betreuungskraft keine Vorbereitungszeiten hat.
- Die Betreuungskraft übernimmt nicht die Verantwortung für den Tag und den Dienst.
- Betreuungsangebote, die nicht geschafft werden, werden auf den Spätdienst übertragen (»Der Kollege geht bestimmt später hin!«).

**Daher habe ich lange Dienste von sieben bzw. acht Stunden eingeführt.** Dies hat Vorteile:
- Die Betreuungskräfte sind für ihre Schicht verantwortlich; sie sind dafür verantwortlich, dass an dem Tag auch wirklich alle Bewohner*innen ein Betreuungsangebot erhalten haben.
- Die krankheitsbedingten Ausfälle werden deutlich weniger, da die Erholungsphasen länger sind.
- Es entstehen Vorbereitungszeiten, die es zuvor nicht gab.
- Für eine bessere Arbeitsatmosphäre sorgt die Möglichkeit, miteinander in Kontakt zu treten – gerade im Team oder mit den Vorgesetzten.

Bevor Sie die Dienstzeiten verändern[8]: Überlegen Sie sich, wie Ihr Tagesablauf gestaltet werden soll.

- Möchten Sie das Gruppenangebot vormittags oder nachmittags anbieten?
- Wann sind günstige Zeiten, um immobile Bewohner*innen zu beschäftigen?
- Vielleicht ist Ihnen eine Betreuung bis in den frühen Abend wichtiger als eine Betreuung ab 8:00 Uhr morgens?

Das ist Schnittstellenarbeit: Sprechen Sie auch im Team darüber und beziehen Sie die Betreuungskräfte in die Planung ein – das schafft Vertrauen und das Gefühl mitwirken zu können.

**Tipp**

Als effektiv hat sich erwiesen, die Einzelaktivierungen am Vormittag durchzuführen. Das geschäftige Treiben, Frühstück und Mittagessen, Besuche von Ergo- oder Physiotherapeuten, bieten für viele Bewohner*innen, die sich in den Aufenthaltsräumen aufhalten, bereits viel Ablenkung und Beschäftigung. Wenn die Betreuungskraft in dieser Zeit in den Zimmern »verschwindet«, ist es nicht so gravierend, da keine Gruppenangebote stattfinden.

Die Zeit nach dem Mittagessen, wenn alle sich zur Ruhe legen, eignet sich für die Betreuung immobiler Bewohner*innen. Snoezelen oder Basale Stimulation® beruhigen und entspannen.

Am Nachmittag – wenn der allgemeine Trubel beendet ist – wird es für die Bewohner*innen meist langweilig. Der Nachmittag kann sich manchmal wie ein Kaugummi ziehen. Zudem kommt es bei vielen Menschen mit Demenz am Nachmittag zum sogenannten »Sundowning Syndrom« – diese Bewohner*innen sind dann aktiver oder unruhiger. Ein attraktives Gruppenangebot kann Abhilfe schaffen (▶ Kapitel 4.4.1).

Das sollten Sie tun:

- Erstellen Sie einen Tagesablauf abhängig von den Dienstzeiten der Betreuungskräfte.
- Legen Sie fest, wann Einzelaktivierungen, Betreuung immobiler Bewohner*innen und die Gruppenangebote stattfinden.
- Schauen Sie sich Ihre Bedarfsanalyse (▶ Tab. 1) an. Wie viel Zeit müssen Sie für die Bewohner*innen in den einzelnen Tagesphasen planen?

---

[8] Dienstzeiten dürfen nicht einfach verändert werden. Sprechen Sie mit der Einrichtungsleitung und ggf. der MAV.

### 3.2.2 Vorgehen

Wir beginnen mit den Einzelaktivierungen: Pro Einzelaktivierung rechnen Sie mit etwa 10 Minuten. Weitere fünf Minuten berechne ich als Puffer. Ein Ablauf könnte demnach wie folgt aussehen (▶ Tab. 2):

**Tab. 2: Ablauf einer Aktivierung**

| Zeit | Name | Zimmernr. | Maßnahme |
|---|---|---|---|
| 9:00–9:10 | Herr A. | 1 | Einzelbetreuung |
| 9:15–9:25 | Frau B. | 5 | Einzelbetreuung |
| 9:30–9:40 | Frau C. | 6 | Einzelbetreuung |
| 9:45–9:55 | Herr D. | 11 | Einzelbetreuung |
| 10:00–10:10 | Frau E. | 14 | Einzelbetreuung |
| 10:15–10:25 | Frau F. | 16 | Einzelbetreuung |

Die Vorteile des Tourenplans:

- Ein Tourenplan nach Zimmernummern erleichtert gerade am Anfang den Ablauf (sinnvoll, wenn eine neue Betreuungskraft anfängt oder eine Betreuungskraft in einem Wohnbereich einspringt).
- Selbstverständlich sind wir alle Menschen, und wir ticken nicht jeden Tag gleich, sodass es im Tagesverlauf zu Abweichungen kommt: Ein Bewohner schläft, ein anderer hat Besuch, ein Dritter keine Lust – diese Abweichungen führen dazu, dass trotz eng getakteter Planung in der Realität Zeit genug bleibt, um eine Einzelaktivität bei Bedarf zu verlängern.
- Wie Sie sehen, habe ich direkt ein Feld »Maßnahme« (▶ Tab. 2) eingefügt. Dies erleichtert den Betreuungskräften die Dokumentation: Sie wissen, welche Maßnahme sie durchführen und dokumentieren müssen. Natürlich können sie die Maßnahmen dann im weiteren Verlauf individuell beschreiben, z. B. Herrn A. morgens einen Spaziergang und Frau B. eine Bewegungseinheit oder Kognitionstraining anbieten.

Für den Anfang halten Sie das Ganze so einfach wie möglich – für Sie und für die Betreuungskräfte. Bedenken Sie jedoch: Je mehr Bewohner*innen Sie zu betreuen haben und je individueller Sie die Maßnahmen gestalten wollen, desto aufwendiger wird es, den Tourenplan aktuell zu halten.

Weiter geht es zur Betreuung immobiler Bewohner*innen:

- Schauen Sie sich Ihre Bedarfsanalyse (▶ Tab. 1) genauer an: Welche Bewohner*innen müssen betreut werden? Haben diese Bewohner*innen spezielle Einschränkungen (z. B. Sehbeeinträchtigungen, Hörbeeinträchtigungen etc.)?
- Mit welchen Methoden können Sie diese Bewohner*innen betreuen?

Ein Ablauf könnte wie folgt aussehen (▶ Tab. 3):

**Tab. 3: Beispielhafter Ablaufplan**

| 13.00–14.00 Uhr | Name | Zimmernr. | Maßnahme |
|---|---|---|---|
| | Herr G. | 4 | Basale Stimulation®/Snoezelen |
| | Frau H. | 8 | Basale Stimulation®/Snoezelen |
| | Frau I. | 9 | Basale Stimulation®/Snoezelen |
| | Herr J. | 15 | Basale Stimulation®/Snoezelen |

Hier habe ich bewusst nur einen Zeitraum genannt. Je nach Bedarf können Sie diesen Zeitraum entsprechend verlängern. Snoezelen (▶ Kap. 4.3) ist besonders gut geeignet, wenn die Betreuungskraft die Bewohner*innen noch nicht gut kennt (Fremde zu berühren ist auch nicht so einfach) oder wenn es einmal schnell gehen muss.

Auch hier haben Sie die Möglichkeit, der Betreuungskraft genau die Info zu geben, welche Maßnahme durchgeführt werden soll. Es empfiehlt sich, weitere Informationen zu geben, wenn Einschränkungen vorhanden sind. Gerade wenn Sie eine neue Betreuungskraft einsetzen, sind Hinweise wie *»Bewohnerin ist blind, bitte Sinnesaktivierung über akustische Reize setzen«* sinnvoll.

> Ein detailreicher Tourenplan ist sinnvoll, weil ich bisher keine Betreuungskraft erlebt habe, die sich vor der Betreuung intensiv mit der Pflegeplanung beschäftigt hat.

Ein solcher Tourenplan bietet Betreuungskräften viel Sicherheit und garantiert, dass die »schwierigen« immobilen Bewohner*innen auch aufgesucht und betreut werden. Für die Schnittstellenarbeit Pflege gilt: Mit Ihrem Angebot betreiben Sie Deprivationsprophylaxe (▶ Kapitel 4.3.1).

### 3.2.3 Gruppenangebote planen und auf dem Tourenplan vermerken

Aus der Bedarfsanalyse erstellen Sie nun in Ihrem Tourenplan die Auflistung der Bewohner*innen, die gern an Gruppenangeboten teilnehmen. Welche Gruppenangebote Sie genau anbieten wollen, entscheiden Sie dann im nächsten Schritt. Für Ihren Tourenplan bedeutet dies Folgendes (▸ Tab. 4):

**Tab. 4: Beispielhafter Tourenplan**

| 15:30–16:30 Uhr | Name | Zimmernr. | Gruppenangebot siehe Wochenplan |
|---|---|---|---|
| | Herr K. | 2 | Nur Bingo (DI) |
| | Frau L. | 3 | |
| | Frau M. | 7 | |
| | Herr N. | 10 | |
| | Herr O. | 12 | |
| | Frau P. | 13 | Keine Gymnastik |
| | Frau Q. | 17 | |
| | Frau R. | 18 | Möchte nicht gefragt werden, entscheidet selbst. |
| | Herr S. | 19 | |
| | Herr T. | 20 | |

Auch hier ist es sinnvoll, alle Zimmernummern aufzuschreiben, damit die Betreuungskraft auch wirklich alle Bewohner*innen zum Gruppenangebote einlädt. Sie stellen damit sicher, dass alle Bewohner*innen, bei denen Gruppenangebote geplant werden, diese auch angeboten bekommen. Für die Betreuungskräfte können Sie noch zusätzliche Informationen eintragen.

Aus allen drei Tabellen können Sie nun einen Tourenplan für den Tagesablauf zusammenstellen (▸ Tab. 5).

**Tab. 5: Tourenplan für den Tagesablauf**

| Zeit | Name | Zimmernr. | Maßnahme |
|---|---|---|---|
| 9:00-9:10 Uhr | Herr A. | 1 | Einzelbetreuung |
| 9:15-9:25 Uhr | Frau B. | 5 | Einzelbetreuung |
| 9:30-9:40 Uhr | Frau C. | 6 | Einzelbetreuung |
| 9:45- 9:55 Uhr | Herr D. | 11 | Einzelbetreuung |
| 10:00-10:10 Uhr | Frau E. | 14 | Einzelbetreuung |
| 10:15-10:25 Uhr | Frau F. | 16 | Einzelbetreuung |
| 13:00-14:00 Uhr | Herr G. | 4 | Basale Stimulation®/Snoezeln |
| 13:00-14:00 Uhr | Frau H. | 8 | Basale Stimulation®/Snoezeln |
| 13:00-14:00 Uhr | Frau I. | 9 | Basale Stimulation®/Snoezeln |
| 13:00-14:00 Uhr | Herr J. | 15 | Basale Stimulation®/Snoezeln |
| 15:30 Uhr | Herr K. | 2 | Gruppenangebot |
| 15:30 Uhr | Frau L. | 3 | Gruppenangebot |
| 15:30 Uhr | Frau M. | 7 | Gruppenangebot |
| 15:30 Uhr | Herr N. | 10 | Gruppenangebot |
| 15:30 Uhr | Herr O. | 12 | Gruppenangebot |
| 15:30 Uhr | Frau P. | 13 | Gruppenangebot (Keine Gymnastik) |
| 15:30 Uhr | Frau Q. | 17 | Gruppenangebot |
| 15:30 Uhr | Frau R. | 18 | Gruppenangebot |
| 15:30 Uhr | Herr S. | 19 | Gruppenangebot |
| 15:30 Uhr | Herr T. | 20 | Gruppenangebot |

Der Tag ist effektiv gestaltet. Kein Bewohner wurde vergessen und das Wichtigste: Sie haben noch genug Zeit, auch wenn Ihr Bereich aus 30 Bewohner*innen besteht.

**Die Schritte im Überblick**

- Erstellen Sie sich zunächst nur eine Exceltabelle und fügen Sie Zeiträume ein. Tragen Sie die Bewohner*innen aus Ihrer Bedarfsanalyse ein – als würden Sie einen Stundenplan erstellen.
- Gestalten Sie erst, nachdem Sie mit allem zufrieden sind, eine einfache Übersicht für Ihre Betreuungskräfte.
- Ganz wichtig: Führen Sie Schritt 1 und 2 wohnbereichsbezogen durch!
- Speichern Sie den Tourenplan auf Ihrem Computer gut erreichbar ein – Bewohner*innen verändern sich und Ihr Tourenplan auch. Sobald ein neuer Bewohner einzieht, vermerken Sie diesen auf den Tourenplan und geben Sie diesen aktualisiert an Ihre Betreuungskräfte weiter.



## 3.3 Schritt 3: Die Wochenplanung

Jetzt geht es weiter mit der Maßnahmenplanung, der Wochenplanung und der Umsetzung in die Praxis. Aus den groben Gruppenangeboten werden nun Details. So ist es auch in der Praxis: Nicht alle Bewohner*innen sind für alle Gruppenangebote gleichermaßen zu begeistern.

### 3.3.1 Ziele

- Tagesstruktur in eine Wochenstruktur einbinden und
- Wochenplanung entwickeln.

### 3.3.2 Vorgehen

Jede Einrichtung hat spezielle Gruppenangebote, die sich über einen langen Zeitraum bewähren – manche Gruppenangebote bewähren sich eigentlich in jeder Senioreneinrichtung. Hier eine kleine Auswahl:

- Kegeln, Wurfspiele o. ä. (gerade für Männer), in denen die Bewohner*innen ihre Fähigkeiten noch zeigen und sich ein wenig miteinander messen können.
- Der Klassiker: Bingo (gern auch mit kleinen Gewinnen).
- Gedächtnistraining (auch hier besteht die Möglichkeit zu zeigen, was man noch so kann), allerdings ist es hierbei sinnvoll, die Leistung der einzelnen Bewohner*innen zu berücksichtigen und evtl. mehrere Gruppen anzubieten.

- Singrunden
- Gottesdienste, Bibelrunden, Gebetskreise (spirituelles Leben)
- Kochgruppen, Waffeln backen oder ähnliche Leckereien
- Tierbesuche

Die Gruppenangebote sind natürlich immer von den Möglichkeiten in der Einrichtung abhängig: Haben Sie eine großzügige Gartenanlage oder liegt Ihre Einrichtung beengt in der Innenstadt? Haben Sie einen großen Gruppenraum oder nur kleine Räumlichkeiten? Können Sie auf Ehrenamtliche, Praktikant*innen etc. zurückgreifen, die bei größeren Angeboten unterstützen können?

Jedes geplante und durchgeführte Angebot muss evaluiert und bei Bedarf angepasst werden. Es kommt immer wieder vor, dass ein Gruppenangebot lange erfolgreich läuft, aber plötzlich möchte kein Bewohner mehr daran teilnehmen. Wenn Sie merken, dass das Interesse nachlässt, ändern Sie das Angebot. Fragen Sie, weshalb ein Gruppenangebot überhaupt nicht angenommen wird. Versuchen Sie, das Gruppenangebot anders zu benennen. Als ich aus »Kraft- und Balancetraining« einfach ein fröhliches »Bewegungsspiele« gemacht hatte, klang es für die Bewohner*innen offensichtlich weniger anstrengend und die Gruppe wurde wieder gut besucht.
In einer Einrichtung, in der Sie weder die Bewohner*innen noch die Betreuungskräfte gut kennen, empfiehlt es sich, zunächst auf die Expertise der Betreuungskräfte zu hören. Veränderungen können dann immer noch vorgenommen werden. Empfehlenswert sind zumindest Gruppenangebote aus den Kategorien Bewegung/Gymnastik, kognitive Förderung und Kreatives (Basteln, Kochen oder Musizieren).

Ein Wochenplan, der mit dem beschriebenen Tourenplan zusammenhängt, könnte wie folgt aussehen (▸ Tab. 6):

**Tab. 6: Wochenplan für den Tourenplan**

| Mo | Di | Mi | Do | Fr |
|---|---|---|---|---|
| **9:00–12:00 Uhr** | **9:00–12:00 Uhr** | **9:00–12:00 Uhr** | **9:00–12:00 Uhr** | **9:00–12:00 Uhr** |
| Einzelbetreuung | Einzelbetreuung | Einzelbetreuung | Einzelbetreuung | Einzelbetreuung |
| **13:00–14:00 Uhr** | **13:00–14:00 Uhr** | **13:00–14:00 Uhr** | **13:00–14:00 Uhr** | **13:00–14:00 Uhr** |
| Betreuung immobiler Bewohner*innen | Betreuung immobiler Bewohner*innen | Betreuung immobiler Bewohner*innen | Betreuung immobiler Bewohner*innen | Betreuung immobiler Bewohner*innen |
| **15:30 Uhr** | **15:30 Uhr** | **15:30 Uhr** | **15:30 Uhr** | **15:30 Uhr** |
| Kochgruppe | Bingo | Gedächtnis-Training | Bewegungsrunde | Kreatives Gestalten |

Dies ist selbstverständlich immer nur ein Vorschlag und soll meine Schritte visualisieren. Wie Sie es im Einzelnen zeitlich festlegen, ist selbstverständlich Ihnen und Ihrer Einrichtung vorbehalten. Es gibt hierzu keine Vorgaben. Es empfiehlt sich aber, einen statischen Wochenplan zu entwickeln, da die festgelegten Gruppenangebote dann auch besser in den Maßnahmen für die Bewohner*innen eingeplant werden können. Außerdem bietet der statische Wochenplan den Bewohner*innen weitere Orientierungspunkte *(»Heute ist Bingo? Dann kann ja nur Dienstag sein!«)*.

Natürlich gibt es zwischendurch Feiertage, Feste usw., sodass der Wochenplan nicht immer durchgesetzt werden kann. Aber hier können die Betreuungskräfte Abweichungen dokumentieren. Ein Vorteil für die Betreuungskraft: Sie weiß immer genau, worauf sie sich vorbereiten muss: *»Morgen ist Freitag? Ich muss mir unbedingt noch etwas für die Kochgruppe überlegen!«*

Wir haben nun mit gerade mal drei Schritten einen Tourenplan für die Betreuungskräfte und einen Wochenplan für die Bewohner*innen geschaffen. Nun können Sie den Tourenplan nutzen und daraus entsprechende Maßnahmen mit festgelegten Zeiten in der Maßnahmeplanung der Bewohner*innen festlegen.
Optimal ist, wenn bestimmte Betreuungskräfte auch ein bestimmtes Gruppenangebot anbieten. Beispielsweise backt Frau Meier (Name geändert) leidenschaftlich gern und gut und würde gern eine Backgruppe anbieten. Wir setzen also freitags eine Kochgruppe an und Frau Meier hat auch meist freitags Dienst. Diese Zuverlässigkeit zwischen Wochen- und Dienstplanung führt zu weiteren Sicherheiten bei den Betreuungskräften und trägt zu einer guten Arbeitsatmosphäre und Wohlbefinden bei. Auch für die Bewohner*innen führt dies zu einer stabilen wiederkehrenden Routine.

Natürlich ist dies nicht immer umzusetzen – Frau Meier kann auch mal krank sein oder Urlaub haben. In solchen Fällen übernimmt sollte dann eine Kollegin das Gruppenangebot von Frau Meier einfach übernehmen können.

**Tipp**
Wenn Sie Wochenpläne für mehrere Wohnbereiche planen müssen, rate ich zu einer gleichen Struktur. Das Übernehmen von Betreuungsaufgaben auf einem anderen Wohnbereich wird dadurch einfacher.

Grundsätzlich ist es nicht empfehlenswert, an gleichen Wochentagen das gleiche Angebot stattfinden zu lassen – da kann es zu Streitigkeiten zwischen den Wohnbereichen bzgl. der Materialvergabe kommen, wenn etwa gleich drei Wohnbereiche am Montag Bingo spielen sollen.

**Die Schritte im Überblick**

- Ein statischer Wochenplan ist einfacher in der Handhabung der Maßnahmeplanung.
- Bei einem statischen Wochenplan empfiehlt es sich, die Titel der Gruppenangebote allgemeiner zu halten (»Bewegungsrunde« statt »Kegeln«; »Spielrunde« statt »Bingo« etc.), um so auch ein wöchentlich wechselndes Angebot machen zu können.
- Besprechen Sie die Gruppenangebote mit Ihren Betreuungskräften – wer möchte an welchem Tag eine Gruppe übernehmen?

## 3.4 Schritt 4: Ausprobieren, verwerfen und überarbeiten – die Evaluation

Ihr Tourenplan ist nun fertig. Sprechen Sie diesen mit der Einrichtungsleitung ab. In einer Teamsitzung eingeführt und erklärt, können erste Fragen beantwortet werden. Sinnvoll ist es auch, den Tourenplan in einer Teamsitzung der Pflegekräfte zu erklären. Vielleicht müssen Sie gemeinsam mit den Pflegekräften bestimmte Zeiten absprechen – z. B. wenn es um die Mobilisation eines Bewohners geht, damit ein Spaziergang oder ein bestimmtes Gruppenangebote stattfinden kann.

Um für Transparenz zu sorgen, sollten Sie den Tourenplan vervielfältigen und in den Wohnbereichen hinterlassen. In der ersten Zeit der Einführung sollten Sie kontrollieren, ob Ihr Ansatz verstanden wurde. Schauen Sie in die Dokumentationen, fragen Sie die Mitarbeiter*innen nach Unklarheiten.

***Fazit*** **Halten Sie den Tourenplan aktuell**

Sobald ein neuer Bewohner in die Einrichtung einzieht, ein Bewohner verstirbt oder auszieht, ist es notwendig – zumindest zu Beginn der Einführung – den Tourenplan tagesaktuell auf Stand zu halten. Mit der Zeit entwickelt sich eine Routine und Ihre Betreuungskräfte werden neue Bewohner*innen betreuen, als wären diese auf dem Tourenplan vermerkt. Wenn der Tourenplan zur Routine wird, genügt eine monatliche Aktualisierung.

### 3.4.1 Ziele

- Tagesaktuelle Betreuung gewährleisten und
- Sicherheit und Routine entstehen lassen.



### 3.4.2 Vorgehen

Ich bin dazu übergegangen, im Stützpunkt der Betreuungskräfte Fächer einzurichten. Diese Fächer sind wohnbereichsbezogen und beinhalten den tagesaktuellen Tourenplan. Zu Schichtbeginn nimmt die Betreuungskraft einfach den aktuellen Tourenplan mit.

Sie können den Tourenplan auch als Kontrollinstanz benutzen und die Betreuungskräfte bitten, diesen am Ende des Tages unterzeichnet und mit dem tagesaktuellem Datum bei Ihnen wieder abzugeben. Sinnvoll ist es in diesem Fall, auch eine Spalte einzufügen, in der die Betreuungskraft verzeichnen kann, ob die Betreuung durchgeführt wurde. Ich halte das allerdings nur dann für sinnvoll, wenn die Kontrolle nicht über das Dokumentationssystem erfolgen kann, oder wenn sich z. B. zwei Betreuungskräfte einen Tourenplan teilen sollen.

Um schnell und effektiv Tourenpläne zu aktualisieren, z. B. um Neueinzüge zu erweitern, empfiehlt es sich, das Dokument griffbereit zu speichern, um bequem und zügig zu aktualisieren und auszudrucken. Gute Dokumentationssysteme können übrigens tagesaktuell geplante Maßnahmen bewohnerbezogen ausdrucken – vielleicht ist auch das eine Möglichkeit, als Alternative zu einem tagesaktuellen Tourenplan.

Neue Bewohner*innen plane ich zunächst mit der Maßnahme »Begleitung beim Heimeinzug« ein. Diese Maßnahme beinhaltet:
- Vorstellung der Mitarbeiter*innen, der Heimbewohner*innen, des Heimbeirates durch die Betreuungskräfte,
- Einladung zu Gruppenangeboten, Festen, Veranstaltungen, Gottesdiensten (Vorstellen des Wochenplanes),
- Klären von Vorlieben, Biografiearbeit,
- Anbieten von Spaziergängen, Vorstellung der Einrichtung,
- Bei Bedarf: Durchführung von Einzelangeboten oder Snoezelen/Basale Stimulation®.

Im Idealfall erhalten Sie nach den sechs Wochen Integrationszeitraum über die Dokumentation ein Bild des Bewohners und können diesen in eine der drei Kriterien (Einzelbetreuung/Snoezelen/Gruppenangebot) auf dem Tourenplan vermerken.

**Tipp**

Vermerken Sie auf dem Tourenplan den neuen Bewohner mit der Maßnahme »Heimaufnahme bis xx.xx.20xx«, sodass Sie auch hier im Blick haben, wann der Integrationszeitraum endet.

Bewohner*innen verändern sich. Eine Evaluation der Maßnahmen muss daher mindestens alle sechs Monate erfolgen (oder nach Standard der Einrichtung). Schauen Sie sich zu dem Zeitpunkt die Maßnahmen an und aktualisieren Sie entsprechend der Maßnahmen auch Ihren Tourenplan. Bei Bedarf können Sie an die Evaluation der Maßnahmen auch eine erneute Bedarfsanalyse anschließen. Eine Bedarfsanalyse mit Bewohner*innen, die Sie gut kennen, ist in der Regel schnell durchgeführt.

Vorteile:

- Sie haben Veränderungen im Blick und können sehen, ob Ihre Betreuungskräfte noch genügend Zeit für die Bedürfnisse der Bewohner*innen haben.
- Manchmal kann sich auch der Bedarf an Gruppenangeboten vergrößern oder verkleinern. Vielleicht ist der Bedarf an Einzelbetreuungen so gering, dass es sinnvoll ist, im Vormittagsbereich eine Kleingruppe anzubieten? Eine regelmäßige Bedarfsermittlung lohnt sich auf jeden Fall!

**Die Schritte im Überblick**

- Verzeichnen Sie Neueinzüge tagesaktuell auf den Tourenplan.
- Evaluieren Sie die Maßnahmen alle sechs Monate. Dann sollten Sie auch die Tourenpläne ggf. anpassen.
- Es lohnt sich, alle sechs Monate auch eine Bedarfsanalyse zu erstellen (Schritt 1) und zu überprüfen, ob sich die Bewohnerstruktur verändert hat und ggf. auch die Wochenstruktur angepasst werden muss.

# 4 Effizient und individuell betreuen

## 4.1 Spaziergänge planen und sicherstellen

Vor einigen Jahren fragte mich ein Prüfer: »*Wie stellen Sie sicher, dass der Bewohner zwei Mal in der Woche an die frische Luft kommt?*« Zwei Mal in der Woche einen Spaziergang pro Bewohner anbieten? Das kann sowohl die Leitung des Sozialen Dienstes als auch die Betreuungskräfte unter Druck setzen.

Aber versetzen wir uns einmal in die Lage des Bewohners: Ein gesunder, junger Mensch ist permanent in der Lage, nach Wunsch und Bedarf nach draußen zu gehen. Die Räume, in denen sich ein Mensch mit Demenz bewegen kann, werden im Verlauf der Erkrankung hingegen immer kleiner, die Einschränkungen in der Mobilität größer. Es gibt zahlreiche Bewohner*innen, die tagein, tagaus in der Einrichtung verbleiben, ohne frische Luft schnappen zu können. Nach einer zweiwöchigen Corona-Isolation in der eigenen Wohnung fällt es vielen von Ihnen mit Sicherheit einfacher, sich in einen Bewohner hineinzuversetzen, der nicht mehr selbstständig nach draußen kann. Wenn Sie sich in diesen Menschen hineinversetzen und überlegen, was es für Sie selbst bedeuten könnte, erkennen Sie die Anmerkung des Prüfers sicherlich als eine zentrale Anforderung an den Sozialen Dienst an.

Laut MD-Richtlinien wird derzeit der Bewohner befragt, ob er ein Angebot erhält, um an die frische Luft zu kommen[9]. Weil der Soziale Dienst mit so einer »Richtlinie« zunächst sehr unter Druck gerät, neigen viele dazu, voreilig zu sagen: »*Der Bewohner will nicht. Daher planen wir das auch nicht ein!*« Aber woher wollen Sie wissen, dass der Bewohner das nicht möchte? Können Sie das nachweisen?

---

[9] Vgl. Qualitätsprüfungs-Richtlinien Transparenzvereinbarung Grundlagen der Qualitätsprüfungen nach den §§ 114 ff SGB XI Teil 2 – Stationäre Pflege, Punkt 18.16 »Wird Ihnen die erforderliche Unterstützung gegeben, um sich im Freien aufzuhalten?«

Ihnen sind bestimmt auch Bewohner*innen bekannt, denen Sie permanent Beschäftigungsangebote machen, die aber jedes Mal abgelehnt werden. Kurze Zeit später beschweren sie sich dann aber bei der Tochter oder dem Sohn, dass sich niemand mit ihnen beschäftigen möchte ...

**Beispiel** **»Frau Obst will ja gar nicht nach draußen«**

Frau Obst (Name geändert), eine Dame mit Hemiparese nach Schlaganfall, verbringt ihren Tag gern im Bett. Vom Sozialen Dienst aus haben wir zwei Spaziergänge in der Woche geplant. Auf Nachfrage und Angebot der Mobilisation bzw. des Spaziergangs lehnt Frau Obst dies dankend ab. Eines Tages hatte ich dann ihre gesetzliche Betreuung am Telefon, die mir erzählte, Frau Obst hätte telefonisch ihre Tochter im Ausland kontaktiert und erzählt, keiner würde sich um sie kümmern und niemand gehe mit ihr spazieren. Die Tochter rief dann - verständlicherweise - bei der gesetzlichen Betreuung an und die musste - ebenfalls verständlicherweise - reagieren.

Wir konnten anhand der Dokumentation nachweisen, dass Frau Obst die Spaziergänge zumeist abgelehnt hat, wir ihr diese aber trotzdem weiterhin anboten und die Ablehnung dokumentierten. So können auch Sie sich mit Angebot und dessen Dokumentation absichern.

### 4.1.1 So setzen Sie das »frische Luft schnappen« um

Sie können Gruppenangebote nach draußen verlegen und dies in der Maßnahmeplanung vermerken. Damit erreichen Sie allerdings nicht den Bewohner, der sich aus Gruppenangeboten heraushält und überwiegend in seinem Zimmer aufhält. Wenn die Spaziergänge nicht vorgeplant sind, können Sie schnell den einen oder anderen Bewohner aus den Augen verlieren – je größer die Einrichtung, desto eher ist dies der Fall. Sie müssen also weitergehend planen.

#### Ziele

- Jeder Bewohner erhält zwei Mal pro Woche das Angebot zu einem begleiteten Spaziergang.
- Die Spaziergänge werden in der Maßnahmenplanung vorgeplant und im Tourenplan der Betreuungskräfte aufgeführt.

#### Vorgehen

Auch für die Spaziergänge habe ich eine Tabelle (▸ Tab. 7) entwickelt, in der Sie alle Bewohner*innen eines Wohnbereichs erfassen können. Allen, bei denen Sie vermuten, dass der Spaziergang eher abgelehnt wird, widmen Sie in der Bedarfsanalyse eine eigene Spalte. Sie können diese an Tagen mit Bewohner*innen zusammen planen, die gern einen Spaziergang wahrnehmen und so sicherstellen, dass die Betreuungskraft nicht am Montag zehn spazierwillige Bewohner*innen betreuen muss und die Kollegin am Dienstag keinen Spaziergang machen kann, weil sie eine Gruppe von Spaziermuffeln auf ihrer Liste hat.

Wichtig ist auch, dass Sie direkt die Mobilitätsmöglichkeiten des Bewohners berücksichtigen.



Es gibt auch Ausnahmen: Sollte der Bewohner regelmäßig mit den Angehörigen oder allein spazieren gehen, ist es wichtig, dass das aus der Pflegeplanung ersichtlich ist. Dies können Sie zum einen direkt im Begutachtungsinstrument einpflegen, zum anderen aber auch die Betreuungskräfte bitten, in der täglichen Dokumentation ein Vermerk aufzunehmen wie: *»Herr W. hatte heute Besuch von seiner Tochter, die mit ihm ein Spaziergang unternommen hat!«*

**Tab. 7: Bedarfsanalyse für Spaziergänge**

| Name | Spaziergang allein/ mit Angehörigen | Rollstuhl | Rollator |
|---|---|---|---|
| Herr A. | x | | |
| Frau B. | | x | |
| Frau C. | | | x |
| Herr D. | | | x |
| Frau E. | | | x |
| Frau F. | | x | |
| Herr K. | | x | |
| Frau L. | | | x |
| Frau M. | | x | |
| Herr N. | x | | |
| Herr O. | | x | |

Wenn Sie die Tabelle ausgefüllt haben, sehen Sie auf einen Blick die Bewohner*innen, die Unterstützung bei der Durchführung der Spaziergänge brauchen.

Eine weitere Tabelle (▸ Tab. 8) hilft Ihnen bei der Wochenplanung der Spaziergänge. Ich habe hier aus Gründen der Übersichtlichkeit auf das Wochenende verzichtet und nur eine kleine Auswahl an Bewohner*innen berücksichtig. Mit Sicherheit haben

Sie mehr Bewohner*innen, die einen Spaziergang benötigen. Vertrauen Sie mir – es funktioniert auch mit 30 Bewohner*innen!

**Tab. 8: Spaziergänge planen**

| Name | Mo | Di | Mi | Do | Fr |
|---|---|---|---|---|---|
| Frau B. (Rollstuhl) | x | | x | | |
| Frau C. | | | x | | x |
| Herr D. | x | | | | x |
| Frau E. | | x | | x | |
| Frau F. (Rollstuhl) | | x | | x | |
| Herr K. (Rollstuhl) | | | x | | x |
| Frau L. | | x | | | x |
| Frau M. (Rollstuhl) | x | | x | | |
| Herr O. (Rollstuhl) | | x | | x | |
| gesamt | 3 | 4 | 4 | 3 | 4 |

Wie Sie sehen, habe ich die Spaziergänge so geplant, dass die Betreuungskraft jeweils mit einem Rollstuhlfahrer und zwei Bewohner*innen mit Rollator spazieren geht – in der Regel ist dies mit einem Spaziergang erledigt. Wenn Sie mehrere Rollstuhlfahrten an einem Tag planen, ist es für die Betreuungskraft viel zeitaufwendiger. Die Spaziergänge können Sie dann unter den Tourenplan (▸ Tab. 9) schreiben.

**Tab. 9: Tourenplan für Spaziergänge**

| Name | Spaziergang 1 | Spaziergang 2 |
|---|---|---|
| Frau B. | Montag | Mittwoch |
| Frau C. | Mittwoch | Freitag |
| Herr D. | Montag | Freitag |
| Frau E. | Dienstag | Donnerstag |
| Frau F. | Dienstag | Donnerstag |
| Herr K. | Mittwoch | Freitag |
| Frau L. | Dienstag | Freitag |
| Frau M. | Montag | Mittwoch |
| Herr O. | Dienstag | Donnerstag |

Sie können auch die Tabelle im Tourenplan nach Tagen strukturieren. Auf einem Wohnbereich mit etwa 30 Bewohner*innen haben Sie durchschnittlich drei bis vier Menschen, denen Sie einen Spaziergang anbieten. Die Erfahrung zeigt: An manchen Tagen unternehmen die Betreuungskräfte keinen Spaziergang, weil die Bewohner*innen es ablehnen.

Das klingt zunächst nach viel Arbeit, aber bei einer guten Planung und Zusammensetzung der Bewohner*innen sind Spaziergänge nicht aufwendig.



*Wichtig* **Schnittstellenarbeit ist nötig**

Denken Sie daran, die Spaziergänge mit den Pflegekräften abzusprechen, damit die Bewohner*innen auch mobil gemacht werden können. Hierzu sind entweder Terminierungen in der Maßnahmeplanung zu treffen, indem Sie direkt eine konkrete Uhrzeit planen, oder in der Übergabe abzusprechen.

Genauso, wie Sie bei den Spaziergängen den Bedarf ermittelt haben und diesen auf dem Tourenplan vermerkt haben, können Sie mit allen anderen einrichtungsbezogenen Maßnahmen verfahren: Wenn Sie regelmäßige Gottesdienste anbieten, können Sie damit planen und transparent verdeutlichen, welche Bewohner*innen begleitet werden müssen bzw. wer welcher Konfession angehört.

*Fazit* **Gut geplant ist halb durchgeführt**

Ob tiertherapeutische Interventionen, Feste und Feierlichkeiten, Musikveranstaltungen etc. Alles kann nach diesen vier Schritten ermittelt, geplant und evaluiert werden.

- Mit einer Bedarfsanalyse können Sie hier sehen, wer Hilfe beim Spaziergang benötigt. Benutzen Sie hierfür ▶ Tab. 7.
- Stellen Sie Gruppen von Bewohner*innen zusammen: ein, zwei Rollstuhlfahrer*innen und Bewohner*innen, die vermutlich den Spaziergang ablehnen werden. Setzen Sie für diese Gruppen Spaziergänge an zwei Tagen in der Woche an.
- Planen Sie die Spaziergänge in den Maßnahmen der Bewohner*innen ein und setzen Sie diese Arbeitsanweisung auf den Tourenplan der Betreuungskräfte.

## 4.2 Einzelbetreuung

Wie bereits beschrieben, fallen in unsere Einzelbetreuung Senior*innen, die sich zurückziehen oder die kognitiv beeinträchtigt sind und einem Gruppenangebot in der Regel nicht mehr folgen können.

Menschen mit Demenz machen einen großen Teil der Bewohner*innen aus, die in eine Langzeitpflegeeinrichtung einziehen. Die Pflege zuhause ist bei Menschen mit Demenz aufgrund ihrer Orientierungslosigkeit, zunehmender kognitiver Beeinträchtigung, häufig auch aufgrund des pflegerischen Aufwandes oder der sogenannten »herausfordernden Verhaltensweisen« nicht möglich.

In der Regel erreichen wir Menschen mit Demenz nicht immer über eine verbale Ansprache. Die Kommunikation – Sender zu Empfänger – ist nicht so einfach möglich. Trotzdem ist es unser Ziel, eine Beziehung zu den Menschen aufzubauen, wie es im Expertenstandard Beziehungsgestaltung beschrieben wird. Dort werden zahlreiche Methoden aufgezeigt, wie der Beziehungsaufbau zu Menschen mit Demenz erfolgen kann: Tierintervention, Puppentherapie, Biografiearbeit etc. *»Da Zufriedenheit und Lebensqualität wesentlich davon abhängen, die unmittelbar umgebende materielle und personale Umwelt mitgestalten zu können und in ihr eine Bedeutung und Funktion zu haben, sollten Menschen mit Demenz allein oder zusammen mit anderen tätig sein, mit Menschen in Kontakt kommen oder sich mit anderen geeigneten Objekten (z. B. Puppen, Tiere, Tücher oder Erinnerungsbücher) beschäftigen können. Diese Tätigkeiten sind Anlässe für Kontakt und Begegnung und haben eine die Psyche stabilisierende Funktion: so tragen angepasste und sinnvolle Tätigkeiten dazu bei, herausforderndes Verhalten zu reduzieren.«*[10]

Damit verweist der Expertenstandard darauf, dass die Kommunikation als Basis für die Beziehungsarbeit über Objekte initiiert werden kann. Diese Methode haben bereits viele beschrieben[11]. Gerade wenn die Betreuungskraft einen interessanten Gegenstand mitbringt, erregt dieser die Aufmerksamkeit des Bewohners und ein Zugang – wie ein Türöffner – ist möglich.

---

[10] Deutsches Netzwerk für Qualitätsentwicklung in der Pflege (DNQP) (2019): Expertenstandard Beziehungsgestaltung in der Pflege von Menschen mit Demenz. Sonderdruck einschließlich Kommentierung und Literaturstudie. Osnabrück. S. 63

[11] Vgl. Schmidt-Hackenberg U (2013): 10-Minuten-Aktivierung als Methode. Vincentz Network, Hannover. Kiefer B, Rudert B (2007): Der therapeutische Tischbesuch. TTB – die wertschätzende Kurzaktivierung. Vincentz Network, Hannover.

Wie Sie diese Einzelbetreuung effektiv und für den Bewohner möglichst selbstbestimmt gestalten, zeige ich Ihnen nun anhand meines »Aktivierungswagens«. Doch zuvor eine Beschreibung der Vergangenheit. Bevor ich den Aktivierungswagen eingeführt habe, haben die Betreuungskräfte

- Material selbst ausgewählt und nur eine Sache mitgenommen, die sie tragen konnten und mit der sie hofften, möglichst viele Bewohner*innen zu erreichen,
- kein Material dabeigehabt und ausschließlich über Gespräche aktiviert,
- eine Mappe mit Kopiervorlagen mitgebracht, aus der sie vorgelesen oder anhand derer sie kleine Gedächtnistrainingseinheiten gestalteten (alles ausschließlich über akustische Reize),
- aus der Tageszeitung vorgelesen,
- von zuhause etwas mitgebracht, was in der Regel nicht demenz- und/oder seniorengerecht war.

### 4.2.1 Ziele

- Als Leitung des Sozialen Dienstes können Sie mit dem Aktivierungswagen sicherstellen, dass pädagogisches und demenzgerechtes Material eingesetzt wird.
- Gleichzeitig erleichtern Sie den Betreuungskräften ihre tägliche Arbeit.
- Die Arbeit wird effizient: Die Betreuungskraft hat bedarfs- und ressourcenorientiertes Material dabei und muss nicht zwischen Bewohner*innen und Lager hin- und herlaufen.
- Auch wenn mal etwas nicht gut klappt, gibt es auf dem Wagen Alternativen: So lassen Sie keinen Bewohner mit einem unguten Gefühl zurück, weil das Material, das Sie dabei hatten, ihn überfordert hat.

### 4.2.2 Vorgehen

Um die genannten Ziele zu erreichen, entwickelte ich einen Aktivierungswagen, bestückt mit diversen Materialien, die die Aufmerksamkeit eines Bewohners erregen können.

Um den Aktivierungswagen möglichst abwechslungsreich zu gestalten, finden sich dort Materialien für Gymnastik und Bewegung (Bälle, Luftballons etc.), Materialien aus der Montessori-Pädagogik (z. B. Schraubbretter etc.), demenzgerechte Spiele und Puzzle, Aktivierungskisten (10-Minuten-Aktivierung), Vorlesebücher oder Bildbände. Bewohner*innen, die ich mit den Materialien nicht erreiche, mögen es vielleicht aber, massiert zu werden. Dazu gibt es auf dem Aktivierungswagen auch zahlreiche Möglichkeiten, wie Igelbälle, Vibrationsmassagegeräte etc. Ihrer Fantasie sind hier keine Grenzen gesetzt.

Abb. 2: Der Aktivierungswagen.

Zudem lege ich tagesaktuelle oder jahreszeitlich orientierte Themen auf den Aktivierungswagen – Malvorlagen, kleine Gedächtnistrainingseinheiten etc. als Ausdruck.

Vorteile:

- Die Betreuungskraft hat die Hände frei und doch gleichzeitig alles dabei!
- Der Bewohner erhält eine Auswahl an Betreuungsmaterialien und kann selbstständig wählen.

Der Aktivierungswagen ist mittlerweile in meiner Einrichtung bei den Betreuungskräften sehr begehrt und unterstützt sie im Tourenplan bei der Aktivierungsrunde. Die Betreuungskräfte haben mir Folgendes berichtet: »*Also, ich war zunächst wirklich skeptisch. Wie dämlich, so einen Wagen vor mir her zu schieben! Aber eigentlich hatte ich vorher auch einen Korb mit Betreuungsmaterial dabei. Im Grunde war es das Gleiche. Aber jetzt sieht der Bewohner direkt, was ich alles dabei habe. Eine Bewohnerin schaut z. B. immer gleich um die Ecke und guckt, ob ich den Wagen dabeihabe. Es erleichtert meinen Alltag wirklich. Ich kann mir meine Arbeit ohne den Aktivierungswagen gar nicht mehr vorstellen!*«

Eine weitere Betreuungskraft sagte: »*Das hätte ich nie gedacht: Ein Bewohner, zu dem ich sonst nie Zugang hatte, schielte die ganze Zeit auf das Schraubbrett. Das habe ich ihm dann angeboten und wir haben uns lange damit beschäftigt und bestens unterhalten!*«

Um sicherzustellen, dass auch genügend Bewegungseinheiten in der Einzelbetreuung erfolgen, ist es möglich, einen Bewegungswagen einzuführen. Diesen bestücken Sie dann mit Therabändern, Therapiebällen, Ringen, Igelbällen und Luftballons. Ob nun zwei Betreuungskräfte im Dienst sind, und eine Betreuungskraft dann die Bewegungsrunde anbietet oder ob Sie jeden zweiten Tag zwischen Aktivierungs- und Bewegungswagen wechseln bleibt Ihnen überlassen. Auch hier gilt: Je mehr Sie als Leitung vorgeben, planen und organisieren, desto eher wird es am Bewohner durchgeführt.



Noch eine weitere Idee? Was halten Sie von einem Wellness-Wagen? Bestückt mit Massagegeräten, Massageölen, ätherischen Düften und für die Herren ein Haarwasser? Vielleicht können die Betreuungskräfte damit Hände baden, massieren oder die Haare bürsten? Gerade der Einsatz von ätherischen Aromen bietet Möglichkeiten, um herausfordernde Verhaltensweisen zu minimieren oder kann z. B. bei Heimweh als Trostpflaster eingesetzt werden. Es lohnt sich, sich in diesem Bereich weiter fortzubilden.

**Tipp**

Wenn Sie diese Wagen einführen, sollten Sie für jeden Wagen ein Konzept und eine Handlungsanweisung für Mitarbeiter*innen erarbeiten. Auf die jeweiligen Konzepte können Sie dann auch in den Maßnahmenbeschreibungen verweisen.

**Weitere effektive Methoden für die Einzelbetreuung**

Auch abseits eines Aktivierungswagens gibt es effektive Methoden für die Einzelbetreuung. Da wäre z. B. die Puppentherapie: Ob mit Babypuppe oder einer Klappmaulpuppe – Puppen eignen sich gut, um miteinander in Kontakt zu kommen. Gerade Menschen mit Demenz, die eher ruhig sind, trauen sich plötzlich, mit der Puppe zu kommunizieren. Ich glaube, es liegt hauptsächlich daran, dass Puppen etwas Harmloses an sich haben. Weiterer Vorteil der Puppentherapie: Mehr als die Puppe und ein guter Puppenspieler werden nicht benötigt. Die Puppe kann zur Bewegung motivieren, Kommunikation anregen oder trösten, aber auch bei der Grundpflege unterstützen (▸ Kap. 1.2). Eine Tierintervention ist immer ein Höhepunkt.

Ob Ente, Hund oder Katze, Hamster, Fische oder große Tiere wie Pferde oder Alpakas – die meisten[12] Menschen mit (und ohne) Demenz freuen sich über tierische Besucher. Ein gut erzogener Hund kann auch als Begleiter bereits aktivieren.

*Fazit* **Aktivierungswagen**

Ein Aktivierungswagen kann ein einfacher Servicewagen sein, es eignen sich aber auch Körbe o. ä. Der Vorteil an einem Wagen: Alles ist gut sichtbar, die Betreuungskraft hat die Hände frei und der Wagen kann gut abgestellt werden, wenn er nicht benutzt wird.

- Auf den Aktivierungswagen kann alles, was Sie auch sonst in der Betreuungsarbeit benutzen: Je bunter, desto interessanter wird es für die Bewohner*innen.
- Materialien sind oft auch schnell selbst gemacht: Bilder drucken und laminieren, ein paar Knöpfe, Schrauben, Krawatten oder ganz beliebt: Babysocken sind schnell zusammengestellt.
- Schulen Sie die Betreuungskräfte im Umgang mit den einzelnen Materialien, damit diese auch wirklich eingesetzt werden.

## 4.3 Snoezelenrunde – der Snoezelenwagen

Meist kommen Pflegebedürftige in eine Langzeitpflegeeinrichtung, wenn die Pflege zuhause nicht mehr möglich ist. Oft handelt es sich dann um Menschen, die kognitiv und mobil stark eingeschränkt sind. Gleichzeitig sind wir Betreuungskräfte angehalten, mit den Bewohner*innen eine Beziehung[13] einzugehen – gerade bei demenziell veränderten Menschen ein Muss. Vielen Betreuungskräften fällt es aber schwer, eine Beziehung zu einem Menschen einzugehen, der nicht mehr in der Lage ist, sich zu äußern. Das Berühren eines fremden Menschen ist oft mit Hemmungen verbunden. Hinzu kommt, dass diese Bewohner*innen häufig unter sogenannter »Pergamenthaut« leiden und Berührungen nur vorsichtig erfolgen können. Diese Ausgangslage hindert oft an einer guten Betreuung dieser immobilen, kognitiv eingeschränkten Menschen.

Die Konsequenzen:

- Die Betreuung erfolgt gar nicht.
- Die Betreuung erfolgt grob fahrlässig oder gefährlich.
- Die Betreuungskraft liest einfach etwas vor (nur ein Sinneskanal wird genutzt).

---

[12] Bedenken Sie, dass es auch Menschen gibt, die Tierhaarallergien haben oder Ängste vor Hunden gegeben sind.

[13] Vgl. Deutsches Netzwerk für Qualitätsentwicklung in der Pflege 2019

### 4.3.1 Das können Sie tun

Für immobile Bewohner*innen mit schwersten kognitiven Einschränkungen ist die Methode des Snoezelen eine effektive und sinnvolle Methode der Betreuung. Snoezelen setzt sich zusammen aus den niederländischen Wörtern für »snuffelen« (etwa: kuscheln, schnuffeln) und »doezelen« (dösen). Während bei der Methode der Basalen Stimulation® (hierfür benötigen Sie eine entsprechende Fortbildung und ein Zertifikat, da die Methode lizenzpflichtig ist) der Schwerpunkt auf körperorientierten Handlungen mit dem Menschen liegt, konzentriert sich beim Snoezelen alles auf die räumlich-atmosphärische Gestaltung. Daher ist auch die Anwesenheit einer Betreuungskraft nicht unbedingt notwendig. Aber Ihre Betreuungskräfte müssen wissen, worauf es bei dieser Methode ankommt.



Um meine Betreuungskräfte für diese Methode zu sensibilisieren, bin ich mit einer Kamera in die Zimmer der immobilen Bewohner*innen gegangen und habe Fotos von deren Blickrichtung gemacht: die kahle Decke, die leere Wand, der Blick aufs Nachttischchen. Versetzen Sie sich in die Situation: Sie können sich im Bett nicht drehen, sie sind davon abhängig, dass eine andere Person die Blickrichtung für Sie bestimmt und egal, in welche Richtung Sie sehen – 24 Stunden lang ändert sich dort nichts.

Vor dem Snoezelen sah es so aus:

- Immobile, kognitiv eingeschränkte Bewohner*innen wurden unregelmäßig oder gar nicht betreut.
- Die Betreuung bestand überwiegend aus Vorlesen.
- Einige Mitarbeiter*innen führten ein Berührungsangebot durch, das an das Konzept der Basalen Stimulation® angelehnt war.

#### Ziele

- Snoezelen ist eine einfache Methode, die von allen Mitarbeiter*innen effektiv durchgeführt werden kann.
- Jeder Bewohner erhält regelmäßig ein an seine Ressourcen angepasstes Beschäftigungsangebot.
- Mit Snoezelen beugen Sie sensorische Deprivation[14] und Habituation[15] vor.

[14] Der Begriff »Deprivation« bedeutet, dass ein Mangel gegeben ist; z. B. ein Verlust oder Isolation. Wir sprechen von sensorischer Deprivation bei einem Mangel von Außenreizen. Menschen benötigen Reize, bei einem Mangel setzt das Gehirn selbst Reize, z. B. in Form von Halluzinationen. Schauen Sie sich selbst mal einen Punkt auf der weißen Wand genauer und länger an – Sie werden plötzlich Punkte sehen, die vor Ihren Augen tanzen.

[15] Der Begriff »Habituation« beschreibt eine nachlassende oder ausbleibende Reaktion auf gleichbleibende Reize. Wenn Sie ein neues Bild an die Wand hängen, finden Sie es zunächst interessant. Mit der Zeit haben Sie sich an den Reiz gewöhnt und zeigen keine Reaktion mehr darauf.

## Vorgehen

**Die Snoezelenmethode**

Snoezelenwagen aus dem Fachhandel sind recht teuer. Nicht jede Einrichtung verfügt darüber bzw. möchte das Geld dafür investieren. Auch hier habe ich ein Servicewagen gekauft und diesen mit diversen Materialien bestückt:

- Akustische Reize: CDs mit Musik, Naturgeräuschen oder Hörbücher.
- Visuelle Reize: Projektorlampen (ab 20 Euro im Handel), bunte Tücher, selbstgemachte Mobiles, laminierte Bilder mit Tier- oder Naturmotiven, Lava- und Lichtfaserlampen.
- Olfaktorische Reize: Aromadiffusor, Raumduftsprays mit Lavendelduft (bei diesen Reizen müssen Sie beachten, dass Düfte Erinnerungen hervorrufen können – auch negative, sodass Sie bei dieser Anwendung vorsichtig sein müssen. Für Aromaanwendungen gibt es spezielle Fortbildung, die auch wirklich sinnvoll sind).
- Taktile Reize: Nesteldecken, Muffs, Teddybären.
- Vibratorische Reize: diverse Massagegeräte.

Grundsätzlich müssen Sie auch hier eine Fortbildung/Einweisung in die Geräte durchführen, damit Ihre Mitarbeiter*innen sicher im Gebrauch sind. Ich habe dazu ein Snoezelenzimmer vorbereitet und es den Betreuungskräften vorgeführt. Ein einrichtungsinternes Konzept ist empfehlenswert.

Vorteile:

- Snoezelen ist eine einfache Methode, die leicht umzusetzen ist.
- Die Unsicherheit bei den Betreuungskräften, was die Betreuung von schwerst kognitiv eingeschränkten, immobilen Bewohner*innen anbelangt, lässt nach.
- Ein Snoezelenzimmer ist nicht nur für den Bewohner*innen schön, sondern auch für die Pflegekräfte oder die Angehörigen. Nicht selten höre ich: *»Ich würde mich direkt gern danebenlegen!«*

**Tipp**

Sprechen Sie die Angehörigen an und führen Sie diesen die Snoezelen-Methode vor. Viele Angehörigen sind dankbar für den Tipp und besorgen entsprechende Geräte für ihre Lieben.

Eine Betreuungskraft berichtete mir nach Einführung der Snoezelenrunde: *»Das ist ja wirklich toll. Ein Bewohner wartet schon immer auf mich und wenn ich hereinkomme, schaut er direkt zur Decke und wartet darauf, dass ich die Sternenlampe anmache.«*

Eine weitere Betreuungskraft erzählte: *»Ich konnte richtig beobachten, wie die Bewohnerin, die vorher die ganze Zeit gerufen hat, sich plötzlich beruhigt hat und die Projektionen an der Wand verfolgt hat.«*

**Fazit** **Snoezelen**

- Snoezelen muss nicht teuer und aufwendig sein. Nehmen Sie auch hierzu einen handelsüblichen Servierwagen und bestücken Sie diesen mit sinnesanregenden Materialien: CDs, bunte Tücher, Projektorlampen etc.
- Schulen Sie die Betreuungskräfte im Umgang mit den einzelnen Materialien, damit diese auch wirklich eingesetzt werden.
- Sensibilisieren Sie die Betreuungskräfte für die Situation immobiler Bewohner*innen.

## 4.4 Gruppenangebote zielgruppengerecht planen und durchführen

Gruppenangebote gehören zu jedem Sozialen Dienst dazu und blicken auf eine lange Tradition zurück. Doch erst durch das Pflegestärkungsgesetz II vom 1. Januar 2016 wurde der Schwerpunkt auf den individuellen Unterstützungsbedarf gesetzt. Da zuvor das »Gießkannenprinzip« galt – d. h. nur diejenigen wurden betreut, die sich auf das Angebot des Pflegeheimes eingelassen haben – blieben viele Bewohner*innen unbetreut.

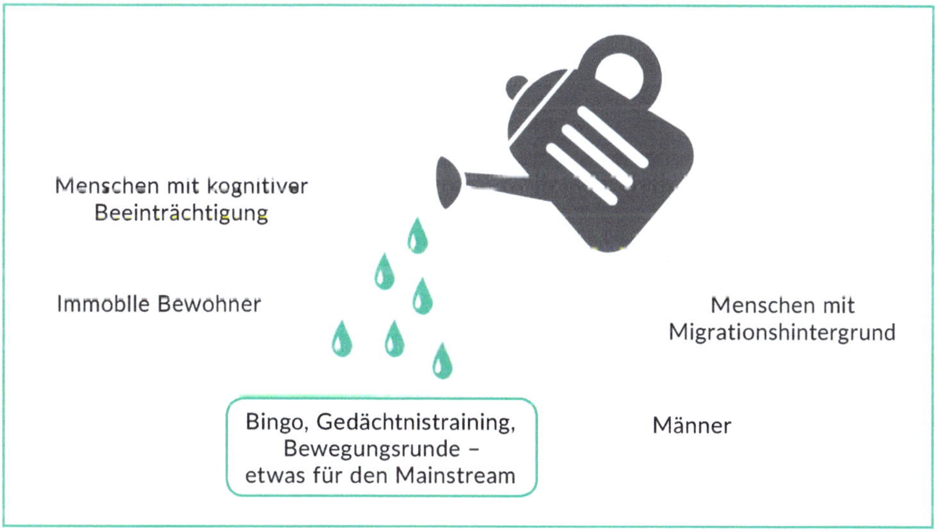


Abb. 3: Das Gießkannenprinzip bei der Gruppenbetreuung. © djvstock – stock.adobe.com

Nicht immer sind Gruppenangebote qualitativ gut:

- Gruppenangebote wiederholen sich bei einigen Betreuungskräften ständig und werden lieblos und ohne Vorbereitung durchgeführt, ganz beliebt: Stadt – Land – Fluss.
- Auch der Aufwand muss bei manchen Betreuungskräften offenbar so gering wie möglich sein: Bei Bewegungsrunden wird auf Wurfspiele zurückgegriffen, die dann von Bewohner zu Bewohner gebracht werden, sodass diese sich möglichst wenig bewegen müssen.
- Manche Betreuungskraft ist sehr motiviert und nimmt – ungeachtet der individuellen Ressourcen und Fähigkeiten – möglichst viele Bewohner*innen zu den Gruppenangeboten mit (*»Ich habe den Raum gern voll!«*).

### 4.4.1 Ziele

- Gruppenangebote werden interessant und zielgruppengerecht.
- Sie sprechen möglichst viele Sinne an, sind kognitiv anregend und fördern die Bewohner*innen vielfältig.
- Sie fordern, aber sie überfordern nicht.
- Gruppenangebote werden so interessant gestaltet, dass möglichst viele Bewohner*innen sie nutzen. Damit sparen Sie Zeitressourcen Ihrer Betreuungskräfte!
- Sie setzen Ihre Betreuungskräfte nach individuellen Stärken und Interessen ein und planen gezielt, um eine gute Qualität zu erreichen.

#### Beispiel: Die erweiterte Kaffeerunde

Gerade wenn Sie einen Sozialen Dienst aufbauen, ist es sinnvoll, sich gegenseitig gut kennenzulernen – Leitung, Betreuungskraft und Bewohner*innen: Wer hat welche Fähigkeiten, Ressourcen, Interessen? Wie kann man Bewohner*innen und Betreuungskraft zusammenbringen?

Bevor ich einen Wochenplan mit Gruppenangeboten ausarbeitete, erweiterten wir zunächst die Kaffeerunden mit den Bewohner*innen. Der Vorteil: Während einer ruhigen Kaffeetafel können so manche Angebote durchgeführt werden, ohne dass die Bewohner*innen aktiv motiviert werden müssen. Zum Beispiel das Gedächtnistraining: Oft erhalten Sie vom Bewohner auf die Frage, ob dieser am Gedächtnistraining teilnehmen möchte, die Antwort: *»Ich bin doch nicht bescheuert. Ich brauche das nicht!«* Das frustriert auch die Betreuungskräfte und nicht selten sagte man mir: *»Das macht keinen Spaß, wenn ich Gruppenangebote für drei Bewohner mache!«* Als wir aber bei einer Kaffeerunde ein interessantes Quiz gestalteten, fühlten sich die Bewohner*innen nicht so vorgeführt oder unter Druck gesetzt.

So ähnliche Antworten erhielt ich bei Bewegungsrunden. Eine demenziell veränderte Dame gab mir, nachdem ich das Angebot gemacht hatte, folgende Antwort: *»Also meine Gute, ich laufe jeden Morgen zu meiner Tochter, die auf der anderen Seite der Stadt wohnt. Ich brauche Ihre Bewegungsrunde nicht!«*

Im Anschluss an das gemeinsame Kaffeetrinken sind dagegen auch kleine Bewegungseinheiten möglich, z. B. Fingerspiele oder Sitzgymnastik am Platz.



### 4.4.2 Vorgehen

So führen Sie als Betreuungskraft eine Kaffeerunde durch:
- Decken Sie die Tafel schön ein und stellen Sie die Tische zusammen, sodass alle Bewohner*innen an einem gedeckten Tisch sitzen.
- Richten Sie Kuchen oder Plätzchen liebevoll an.
- Sorgen Sie für eine angenehme und ruhige Atmosphäre und stellen Sie die Bewohner*innen einander vor.
- Machen Sie Gesprächsangebote.
- Leiten Sie Gespräche an und begleiten Sie sie (das können gerade demenziell veränderte Bewohner*innen nicht selbstständig).

Als Leitung können Sie eine Betreuungskraft – zumindest zu Beginn – tatkräftig unterstützen: Suchen Sie interessante Materialien heraus und unterstützen Sie beim Besorgen von Dekoration für den Tisch. Ist das Angebot der erweiterten Kaffeerunde erst einmal richtig verankert, können Sie es ausbauen. Wie wäre es mit Motto-Kaffeerunden?
- Italien, Frankreich oder Deutschland – Länderreisen regen die Erinnerungen an eigene Reisen an und können viele Sinne anregen.
- Im Wandel der Jahreszeiten – Herbst, Winter oder Frühling – Motto-Kaffeerunden können für zeitliche Orientierung sorgen.
- Feste rund ums Jahr – Oktoberfest, Vatertag oder St. Martin – manchmal können die Feste auch klein gehalten werden und in Form eines Erzählcafés gefeiert werden.
- In der Adventszeit sind Adventscafés eine schöne Vorbereitung auf Weihnachten.

Solche Motto-Erzählcafés bieten wirklich viel kreativen Spielraums und können die Bewohner*innen auf allen Sinnen erreichen. Versuchen Sie es mal!

## 4.5 So erstellen Sie einen Wochenplan

Gerne stelle ich den Betreuungskräften bereits im Vorstellungsgespräch folgende Frage: »*Was unterscheidet Sie von anderen Betreuungskräften? Welches Hobby oder welche Fähigkeit haben Sie, die Sie in die Betreuung einbringen könnten?*« Und es gibt eine ganze Reihe von Fähigkeiten oder Hobbys, die die Betreuungskraft in die Betreuungsarbeit einbringen kann:

- Kochen und Backen,
- Basteln, Nähen oder Handwerken,
- Singen oder das Spielen eines Instrumentes,
- Theaterspielen oder andere kreative Ausdrucksweisen,
- Yoga, Gymnastik oder andere sportliche Hobbys.

Gruppenangebote interessant und erfolgreich zu gestalten, funktioniert nur, wenn der Gruppenleiter von seinem Tun überzeugt ist und daran Spaß hat. Gut ist es also, die Gruppenangebote von den Interessen der Betreuungskräfte abhängig zu machen. Stellen Sie sich vor, Sie hätten zwei linke Hände, was Basteln anbelangt und man erwartet von Ihnen, eine Bastelrunde zu gestalten. Was würde wohl passieren? Nun, nach meiner Erfahrung wird dann eine Malvorlage ausgeteilt und die Bewohner*innen dürfen sie ausmalen ... Dass die Bewohner*innen dann dazu nicht zu bewegen sind, verwundert nicht.

Abb. 4: Mottowagen.

Nach mehreren Fehlplanungen entschied ich mich dafür, einen Wochenplan zu erstellen und abhängig davon die Dienstpläne zu schreiben. So habe ich eine gewisse Routine und Sicherheit bei den Betreuungskräften erreicht. Am Montag steht eine Kochgruppe auf dem Programm, und ich plane eine Betreuungskraft regelmäßig am Montag ein, die gerne das Angebot übernehmen will.



Bitte bedenken Sie, die Angebotsbeschreibung nicht zu speziell zu benennen, damit im Vertretungsfall Kolleg*innen das Angebot übernehmen können. Wenn Sie eine Dame haben, die lediglich »Nähkurse« gibt, wird es schwierig, genau diesen Nähkurs zu vertreten. Die Bezeichnung »Kreativgruppe« lässt in diesem Fall Spielraum für Variabilität.

**Tipp**

Benennen Sie in statisch geplanten Wochenplänen die Gruppenangebote eher weitläufig – die Bezeichnung »Bewegungsrunde« umfasst mehr Möglichkeiten, als wenn Sie wöchentlich »Kegeln« anbieten. So kann in einer Bewegungsrunde eine Gymnastikeinheit, Kegeln oder Wurfspiele erfolgen oder Kraft- und Balancetraining angeboten werden, und die Betreuungskraft kann immer noch flexibel und kreativ handeln.

Für unerfahrene Betreuungskräfte bieten sich auch Wurfspiele an: Ob Ringe werfen oder Boccia[16] – einfach, praktisch und griffbereit kann daraus schnell ein Gruppenangebot entstehen. Wenn Sie hier auch noch einen kleinen Gewinn einbauen, wird das Spiel für die Bewohner*innen noch interessanter. Gerade spielerisch lassen sich Bewohner*innen eher zu Beschäftigung motivieren und ein wenig Wettkampfcharakter spricht auch Männer an.

Um den Wettkampfcharakter noch etwas mehr anzusprechen, ist es auch möglich, Turniere zwischen Senioreneinrichtungen zu veranstalten. Vielleicht liegt eine Senioreneinrichtung in der Nähe und Sie können eine Kooperation eingehen?

Exemplarisch möchte ich Ihnen meinen Wochenplan (▸ Tab. 10) vorstellen.

[16] Eine italienische Variante des Boule-Spiels, bei dem es darum geht, seine Wurfkugeln möglichst in die Nähe einer Zielkugel zu bringen; auch gut für den Einsatz im Freien geeignet – z. B. als zusätzliches Bewegungsangebot während eines Spazierganges.

**Tab. 10: Der Wochenplan**

| | Montag | Dienstag | Mittwoch | Donnerstag | Freitag | Samstag | Sonntag |
|---|---|---|---|---|---|---|---|
| 9:00–12:00 h | Einzelbetreuung | Einzelbetreuung | Einzelbetreuung | Einzelbetreuung | Einzelbetreuung | Einzelbetreuung | Hl. Messe |
| 13:00–14:00 h | Betreuung immobiler Bewohner*innen | Betreuung immobiler Bewohner*innen | Betreuung immobiler Bewohner*innen | Betreuung immobiler Bewohner*innen | Betreuung immobiler Bewohner*innen | Betreuung immobiler Bewohner*innen | Betreuung immobiler Bewohner*innen |
| 14:30 h | | | Erzählcafé | | | | Erzählcafé |
| 15:30 h | Bewegungsrunde | Erinnerungszeit | | Spielrunde | Erinnerungszeit | Erinnerungszeit | |

Ich habe im statischen Wochenplan im Grunde drei große Angebotsoberbegriffe gewählt:

1. Bewegungsrunde mit dem Ziel der motorischen Förderung
2. Spielrunden mit dem Ziel der kognitiven Förderung
3. Sowie grob umfassend: »Erinnerungszeit«, also etwa Koch- oder Singrunden, Gedächtnistraining oder Märchenarbeit.

Dieser statische Wochenplan bleibt bestehen. Die Gruppenbezeichnungen sind weit gefasst und bieten somit Spielraum für individuelle und kreative Ideen.

Vorteile:

- Der Plan muss nicht wöchentlich aktualisiert und verteilt werden.
- Er bietet eine verlässliche Instanz sowohl für Betreuungskräfte als auch für Bewohner*innen.

**Tipp**

Gestalten Sie den Wochenplan mit Symbolen für Menschen mit Demenz, die nicht mehr in der Lage sind, Buchstaben zu entziffern (Kaffeetasse oder Kuchen für das Café, ein Ball für die Bewegungsrunde, ein Würfel für die Spielrunde).
Die Symbole können ausgedruckt und laminiert auf einer Tafel über die tagesaktuelle Beschäftigung informieren.

## 4.6 So erstellen Sie einen Monatsplan

Der Monatsplan wird jeden Monat erstellt und kann das Angebot des statischen Wochenplanes konkretisieren.



### 4.6.1 Ziele

- Das Monatsangebot wird abwechslungsreich und interessant gestaltet.
- Es wird über das Beschäftigungsangebot informiert.
- Die Betreuungskräfte erhalten genauere Informationen.

### 4.6.2 Vorgehen

Schreiben Sie zunächst den Dienstplan. Im Anschluss daran erstellen Sie eine Kalenderdatei in Excel für den jeweiligen Monat. Ich habe jeder Betreuungskraft eine bestimmte Farbe zugeordnet. Mit dieser Farbe markiere ich die geplanten Dienste im Kalender. Abhängig von Vorlieben und Fähigkeiten der jeweiligen Betreuungskraft sowie den im Wochenplan statisch geplanten Aktivitäten werden nun konkrete Aktivitäten geplant. Damit verhindern wir, dass z. B. wöchentlich in der Bewegungsrunde gekegelt wird. Die farbig markierte Kalenderdatei wird den Mitarbeiter*innen ausgehändigt. Ich erstelle dann den Monatsplan für die Bewohner*innen. Dieser ist übersichtlich gestaltet. Nach Belieben können Sie auf den Monatsplan noch Bilder, Witze oder Gedichte unterbringen, sodass er lebendiger wird.

Um zu verdeutlichen, wie aus den Oberbegriffen im statischen Wochenplan, interessante Angebote im Monatsverlauf werden, hier ein Beispiel (▸ Tab. 11):

**Tab. 11: Monatsplan**

| Datum | Angebote |
|---|---|
| Montag, 1.5.23 | Fitness für Senioren |
| Dienstag, 2.5.23 | Backstube »Marmorkuchen« |
| Mittwoch, 3.5.23 | Café mit Selbstgebackenem |
| Donnerstag, 4.5.23 | Bingo! |
| Freitag, 5.5.23 | Singrunde |
| Samstag, 6.5.23 | Märchenzeit mit »Dornröschen« |
| Sonntag, 7.5.23 | Erzählcafé »Der Mai ist gekommen« |

| Datum | Angebote |
|---|---|
| Montag, 8.5.23 | Kegeln |
| Dienstag, 9.5.23 | Rätseln und Raten |
| Mittwoch, 10.5.23 | Waffeln backen |
| Donnerstag, 11.5.23 | Stadt-Land-Fluss mit Pfiff |
| Freitag, 12.5.23 | Leserunde |

Vorteile:

- Mit einem farblich gekennzeichneten Monatsplan können Sie deutlich machen, welche Betreuungskraft auf welchem Wohnbereich eingesetzt wird. Außerdem können Sie so klare Vorgaben für die Gruppenangebote machen und die Betreuungskräfte können sich vorab konkret auf die Vorgabe vorbereiten.
- Mit einem bunt gekennzeichneten Einsatzplan können Sie Zweifel von Prüfungsinstanzen bezüglich des Einsatzes von Betreuungskräften schnell zerstreuen.

**Fazit** **Wochen- und Monatsplanung**

- Entwickeln Sie einen statischen Wochenplan, der die Gruppenangebote grob beschreibt.
- Fügen Sie dem Wochenplan Symbole hinzu, damit er demenzgerecht wird.
- Entwickeln Sie einen Monatsplan, in dem Sie die Gruppenangebote konkretisieren und die individuellen Fähigkeiten und Vorlieben der Betreuungskräfte berücksichtigen.
- Händigen Sie Ihren Betreuungskräften den Monatsplan als Einsatzplanung und zur Vorbereitung aus.

# 5 Mit dem Sozialen Dienst durchs Jahr

Wenn uns nicht gerade Corona ein Strich durch die Rechnung macht und jegliche Planung unsicher ist, ist es ratsam, einen groben Plan für das Jahr zu haben.

## 5.1 Ziel

Feste und Feiern bieten Bewohner*innen eine Abwechslung zum Alltag. Gemeinsames Feiern stärkt die Beziehung zwischen Bewohner*innen und Pflege- und Betreuungspersonal. Zudem stärken Feiern das Identitätsgefühl.

## 5.2 Vorgehen

Etwa im Oktober, spätestens im November, sollten Sie eine Urlaubsplanung für Ihre Betreuungskräfte erstellt haben. Erst wenn die Urlaubsplanung steht, schauen Sie nach Terminen für Feste und Feiern. Ich plane in der Regel im Jahr vier große Feste – etwa alle drei Monate eines (z. B. Frühlings-, Sommer-, Oktober- und Weihnachtsfeier). Feste und Feiern sind natürlich von der Region abhängig.

Darüber hinaus versuche ich, die übrigen Monate mit kleinen »Highlights« zu versehen: ein Profi in Sachen Märchenvorlesen, eine Diavorführung oder ein Musiker ... Hier ist wirklich alles auf dem Markt zu finden. Fragen Sie aber hier nach einem Budget und verteilen Sie dies gut auf das gesamte Jahr.

Es muss aber nicht immer was kosten: Karnevalsvereine, kleine Tanzvereine oder Tanzschulen sind immer dankbar, wenn sie einen Auftrittstermin haben, auf den sie hinarbeiten können.

Es ist gut, so früh wie möglich in die Planung zu gehen. Gerade an festen Feiertagen wie Nikolaus ist es z. B. schwierig, kurzfristig einen Nikolaus zu organisieren.

Ist Ihre Einrichtung gut in das Gemeinschaftsleben integriert? Vielleicht gibt es einen Seniorenverein, einen Kindergarten, einen Schützen- oder Karnevalsverein, der mit Ihnen kooperieren möchte und Ihre Einrichtung in die Feste der Gemeinde integriert? So erging es mir, als ich in einer Einrichtung tätig war, die sehr ländlich gelegen war: Der örtliche »Heimatverein« und die Kirchengemeinde hatten feste Termine im Jahr, bei denen das Seniorenheim involviert war, etwa Fronleichnam, Schützenfest und Sommerfest etc. Diese Termine übernahm ich dann in meine Jahresplanung.

**Tipp**

Die Zusammenarbeit mit Schulen bietet zudem die Möglichkeit, Praktikant*innen und damit vielleicht zukünftige Azubis auf Ihre Einrichtung aufmerksam zu machen.

## 5.3 Ideen gibt es viele

Findet vielleicht ein großes Sportereignis statt? Die Monarchie feiert eine Hochzeit? Hier können Sie ein größeres Ereignis in den Vordergrund rücken, ohne viel Aufwand. Die Bewohner*innen können etwa das Ereignis gemeinsam im Fernsehen verfolgen und Sie schenken Sekt aus und sprechen über Sport, das Heiraten oder die Liebe.

Die Fußball-WM startet? Sprechen Sie mit der Hauswirtschaftsleitung, ob man eine Mottowoche durchführt – täglich ein landestypisches Essen der spielenden Mannschaften. Dekorieren Sie entsprechend des Mottos das Restaurant und zelebrieren Sie täglich – auch in der Betreuung – die Mottowoche durch landestypische Aktivierungseinheiten.

Kulturereignisse sind ebenfalls möglich, etwa eine Diashow. Oder eine Lesung: Hierfür können Sie Ehrenamtliche gewinnen. Vielleicht ist jemand bereit, seine Urlaubsfotos mit den Senioren zu teilen. Aus ein paar Urlaubserinnerungen aus der Türkei lässt sich schnell ein orientalischer Nachmittag organisieren und mit einer Bauchtanztruppe küren.

**Tipp**

Bei der Planung und Organisation von Festen in der Einrichtung ist gute Schnittstellenarbeit besonders wichtig. Besprechen Sie daher Termine zeitnah, damit alle Akteure darauf vorbereitet sind und mitwirken können.

**Tab. 12: Feiern rund ums Jahr**

| Monat | Mögliche Feste | Ideen |
|---|---|---|
| Januar | Neujahrsfeier | Mit gemeinsamen Kaffeetrinken, Neujahrswünschen |
| Februar | Karneval oder Fasching – je nach Region | Einladen eines Karnevalsvereins |
| März | Frühjahrsfest | Ein Programm rund um den Frühlingsbeginn |
| April | Ostern | Der Besuch des Osterhasen (es gibt tolle Kostüme und die Bewohner*innen freuen sich) |
| Mai | Maifest | Maibaumstellen (Rheinland), Maibowle und Mailieder |
| | Vater- und Muttertag | Mit dem Bollerwagen unterwegs, Grillnachmittag |
| Juni | Erdbeerfest | Mit Dekoration rund um die Erdbeere, ein gemeinsames Quiz und Musik, ein rundes Erlebnis |
| Juli | Sommerfest | Mottofest mit Grill und Tombola |
| August | Weinfest | Ein Weinfest rund um die Weinrebe mit Weinprobe |
| September | Herbstfest | |
| Oktober | Oktoberfest | Typisch bayerisches Oktoberfest mit entsprechender Dekoration und Musik |
| November | St. Martin oder Martinsfest | Mit dem Besuch von St. Martin, selbstgebastelten Laternen und Martinsliedern |
| Dezember | Nikolaus | Ein Nikolausfest mit dem Besuch des Nikolauses ist ein Highlight |
| | Weihnachten | Gemeinsame Weihnachtsfeier, gemeinsamer Gottesdienst |
| | Silvester | Umtrunk, Bleigießen |

Machen Sie doch mal ein Brainstorming im Team. Viele Köpfe kommen auf viele kreative Ideen und die Mitarbeiter*innen fühlen sich anschließend auch mehr für die Veranstaltung verantwortlich. So geht's:

- Besprechen Sie die Ideen mit der Einrichtungsleitung und bereiten Sie einen Kostenvoranschlag vor.
- Wenn es um Verköstigung geht, ist es sinnvoll, auch mit der Hauswirtschaftsleitung in Kontakt zu treten.
- Bauen Sie sich ein Netzwerk in der Umgebung auf, mit Vereinen, die auch gern kostenlos in die Einrichtung kommen – gerade kleine Vereine sind dankbar für Auftrittsmöglichkeiten, da sie so ein Trainingsziel haben.

**Fazit** **Die Jahresplanung**

- Die Jahresplanung sollte zu Beginn des Jahres stehen, nachdem die Urlaubsplanung geregelt wurde.
- Setzen Sie zunächst alle drei Monate ein großes Fest an (darauf achten, dass genügend Personal zur Verfügung steht). Brainstorming im Team erleichtert so manches ...
- Informieren Sie sich über große Ereignisse wie Sportereignisse, aus denen Sie evtl. ein schöner Nachmittag oder eine kreative Mottowoche erstellen lässt.
- Schauen Sie nach den Terminen in der Gemeinde – Gibt es Termine, die Sie auf keinen Fall vergessen dürfen?
- Beziehen Sie ehrenamtlich Tätige oder Kolleg*innen mit ein und entwickeln Sie gemeinsam Ideen für »Highlights im Jahr«.
- Erstellen Sie eine Exceltabelle, die Sie aktuell halten. Neue Termine oder Terminänderungen im Verlauf des Jahres werden eingepflegt, sodass Sie nicht den Überblick verlieren.

## 5.4 Sommerfest organisieren – das Highlight des Jahres optimal vorbereiten

Die Organisation des Sommerfestes ist für jede Leitung im Sozialen Dienst eine große Herausforderung. Ich habe zu Beginn meiner Tätigkeit eine gewisse Erwartungshaltung der Kolleg*innen gespürt, was das Ganze natürlich nicht leichter macht. Aber mit der Zeit wird es leichter!



### 5.4.1 Ziel

Vorbereitung und Organisation eines Festes für Bewohner*innen, Angehörige, Freunde und Besucher*innen der Einrichtung.

### 5.4.2 Vorgehen

- Machen Sie sich zunächst Gedanken über die Terminierung und das Motto. Abhängig vom Motto können Sie in die Planung der Dekoration, des Verpflegungsangebotes und der Anfrage von Künstler*innen und Musiker*innen gehen.
- Soll eine Tombola, ein Glücksrad o. ä. das Sommerfest spannender machen? Schreiben Sie rechtzeitig Unternehmen in der Umgebung an und fragen Sie nach Sachspenden. Die meisten Unternehmen sind dankbar für die kostenlose Werbung und mögliche neue Kundschaft.
- Möchten Sie mit den Senior*innen vielleicht einen Auftritt vorbereiten? Wie wäre es mit einem Sitztanz zu einem Lied, das zum Motto passt?

### 5.4.3 Sommerfest-Ideen aus meinem Repertoire

**»Ein Tag am Meer«**
Gut eignen sich Themen, mit denen die Bewohner*innen etwas verbinden können. Noch vor ein paar Jahren betreute ich ausschließlich Bewohner*innen, die kaum gereist waren. Urlaub war nur innerhalb Deutschlands möglich. Mittlerweile ändert sich die Klientel und viele der Bewohner*innen gehören zur Generation »Italienreise«.

Ein maritimes Thema eignet sich gut für den Sommer – Hier finden Sie auch viele Dekorationsmöglichkeiten, Servietten etc. in den Läden. Selbstgemachtes ist ebenfalls möglich: Flaschenpost, kleine Schiffchen oder aus Ton gegossene Fische runden die Tischdekoration ab. Ich setze passend zum Thema zwei bis drei Farben fest, an denen sich die Dekoration orientieren soll, damit sie nicht zu unruhig ist. In diesem Fall waren es die Farben Weiß, Blau und Rot.

Schön sind Hingucker-Dekorationen: Ein Platz, der nicht stört, aber trotzdem in Sichtweite ist, wird zum Thema dekoriert. Bei unserem maritimen Motto dekorierten wir einen kleinen Strandplatz, mit Liegestuhl, etwas Sand, aufblasbaren Bällen und einer Luftmatratze sowie einem kleinen Sonnenschirm.

Die Bewohner*innen lassen sich auch über die Kleidung der Mitarbeiter*innen aktivieren. Beim maritimen Sommerfest einigten wir uns auf eine Kleiderordnung, und jeder trug blau-weiß gestreifter Kleidung.

Ein Alleinunterhalter, ein Sitztanz zur »Nordseeküste« sowie ein Männer-Shanty-Chor rundeten das Fest musikalisch ab.

Kulinarisch war natürlich Fisch naheliegend. Aber die Bewohner*innen wollten auch nicht auf ihr Grillwürstchen verzichten.

### »Ferien auf dem Land«

Mit Landleben können viele Senior*innen etwas verbinden. Wenn Sie selbst nicht in der Landwirtschaft tätig waren, so haben Sie vielleicht Bekannte und Verwandte, die sich auskennen. Ferien auf dem Land waren und sind nicht unüblich.

Für die Dekoration eignen sich Wildblumen, Stroh und Heu. Ein Blickfang war bei uns unsere kleine Dekorationsecke, in der wir Tierfiguren zwischen Strohballen drapierten. Ob Lämmer, Hühner oder Schweine-Figuren gibt es in Dekofachläden oder gebraucht auf Flohmärkten.

Ein Highlight war bei diesem Fest ein Traktorverein: Einige Herren aus dem Nachbarort kamen mit ihren Oldtimer-Traktoren vorgefahren. Dies war insbesondere für die männlichen Bewohner eine absolute Attraktion.

Ein Alleinunterhalter, eine Tombola, Streuselkuchen und deftige kulinarische Attraktionen rundeten das Thema ab.

*Fazit* **Sommerfest**

- Terminieren Sie das Sommerfest in der Leitungsebene. Überlegen Sie sich die Zielgruppe: Sollen die Bewohner*innen im Vordergrund stehen und möchten Sie eine sichere Personalsituation gewährleisten, dann setzen Sie den Termin nicht aufs Wochenende. Möchten Sie das Sommerfest für die Außenwirkung und Angehörige veranstalten, so eignen sich Termine am späten Nachmittag oder am Wochenende.

- Brainstorming: Setzen Sie sich mit den Kolleg*innen aus der Betreuung zusammen und überlegen Sie sich ein schönes, passendes Motto für die Feier. Verteilen Sie Aufgaben:
  - Was soll passieren?
  - Fragen Sie Alleinunterhalter und Künstler oder Vereine aus der Umgebung an.
- Schnittstellenarbeit: Besprechen Sie sich mit der Hauswirtschaftsleitung, der PDL und der Einrichtungsleitung und verteilen Sie Aufgaben.



## 5.5 Weihnachten und Adventszeit in der Langzeitpflegeeinrichtung

Für viele Menschen ist die Vorweihnachtszeit die schönste Zeit im Jahr. Plätzchenduft, Geschenke für die Lieben kaufen und in die freudigen Gesichter der Kinder und Enkelkinder schauen. Für alte und pflegebedürftige Menschen sind dagegen die Advents- und Weihnachtszeit meist die Zeit, in der sie sich am einsamsten fühlen. Da liegt es nahe, dass der Soziale Dienst in dieser Zeit eine besondere Wohlfühlatmosphäre schafft.

### 5.5.1 Ideen für die Advents- und Weihnachtszeit

#### Adventskalender und Adventscafés

Knüpfen Sie an Traditionen an: Ob Adventskranz, Adventskalender oder das Tannenbaumschmücken – Traditionen helfen gerade den demenziell veränderten Bewohner*innen dabei, Orientierung zu erlangen. Manchmal tut es auch der klassische Schokoladenadventskalender, aber Menschen mit Demenz benötigen Hilfe, um nicht alles auf einmal zu naschen. Nachdem im ersten Jahr meiner Tätigkeit eine Naschkatze über den Schokoadventskalender auf den Wohnbereichen hergefallen war, bestückte ich den Adventskalender mit Namen der Bewohner*innen. Täglich wird nun in der Adventszeit gemeinsam ein Türchen geöffnet, der Name vorgelesen und der entsprechende Bewohner*innen erhält eine Kleinigkeit.

Etwas aufwendiger ist ein Aktivierungsadventskalender. Im Internet, z. B. auf malalt-werden.de, finden Sie demenzgerechte Vorlesegeschichten für die 24 Tage bis Weihnachten. Aber es gibt noch viel mehr Quellen, recherchieren Sie einfach mal!

Eine gute Vorbereitung ist alles: Machen Sie sich eine Liste, an welchen Tagen was geplant ist. Hier hilft es, auch noch zusätzlich die Feiertage im Dezember zu berücksichtigen (Barbaratag, Nikolaus, Adventssonntage). Vielleicht können Sie an einem Tag mit einer Schneekugel aktivieren und an einem anderen Tag ein Lebkuchenhaus zusammensetzen?

Die Vorlesegeschichten gebe ich rechtzeitig an die Betreuungskräfte weiter, sodass sich jeder noch genau darauf vorbereiten und eigene Ideen einfließen lassen kann.

Wenn es nicht ganz so aufwendig sein soll, können Sie auch die Adventssonntage unter ein bestimmtes Motto setzen: »Die erste Kerze brennt«, »Die Weihnachtsmaus« oder »Oh Tannenbaum« sind Mottos, die sich gut für Adventscafés eignen. Mit einem Gedicht und einer Geschichte, Adventsliedern und einem reichlich bestückten Plätzchenteller klingt dann der Adventssonntag gemeinsam aus. Hierzu erstelle ich noch Faltblätter mit Bildern, Gedichten oder Liedern, sodass auch die Bewohner*innen etwas in der Hand halten und mitnehmen können. Einmal erstellt, können Sie eine solche Vorlage jährlich nutzen.

### Adventszeit für Herren

Was zur Adventszeit dazugehört, sind die prächtig dekorierten Schaufenster, vielleicht auch eine kleine Eisenbahn in einer Schneelandschaft, die zum Verweilen und Beobachten einlädt.

Haben Sie schon einmal überlegt, eine kleine Eisenbahn in Ihrer Senioreneinrichtung aufzustellen? Auf einer weißen Decke lassen sich Eisenbahn und einige beleuchtete Häuser aufstellen. Ein paar Figuren von im Schnee spielenden Kindern oder Tannenbäumen runden die kleine Stadt ab. Sie werden sehen: Der ein oder andere Herr wird Ihnen mit Rat und Tat zur Seite stehen. Die Bewegung der Eisenbahn sorgt außerdem für einen Blickfang im Alltag.

**Tipp**

Bauen Sie die Bahn auf einen mobilen Wagen. So können Sie auch von Zimmer zu Zimmer zu gehen und immobilen Bewohner*innen einen adventlichen Besuch abstatten.

# 6 Als Leitungskraft im Sozialen Dienst

Was erwarten die Betreuungskräfte von einer guten Leitung? Haben Sie sich schon einmal gefragt, was Ihre Mitarbeiter*innen eigentlich von Ihnen erwarten? Mit den Erwartungen ist das so eine Sache. Wenn Ihr Gegenüber Erwartungen an Sie hat, die Sie nicht kennen, können Sie sie auch nicht erfüllen. Es kommt zu Enttäuschungen oder Konflikten. Damit es erst gar nicht so weit kommt, sollten Sie im offenen Austausch mit Ihren Betreuungskräften bleiben. Auch umgekehrt gilt: Zu hohe Erwartungen an die Betreuungskräfte können für Sie als Leitungskraft frustrierend werden.

Eine vertrauensvolle Beziehung zwischen Leitung und Betreuungskraft muss wachsen und sich entwickeln. Dies benötigt einen offenen Kommunikationsaustausch. Sowohl in Teamsitzungen als auch in Einzelgesprächen ist es daher ratsam, Erwartungen einander auszutauschen.

Die Erwartungen, die meine Betreuungskräfte in den vergangenen Jahren an mich hatten, möchte ich Ihnen hier auflisten, da vermutlich das ein oder andere universell übertragbar ist:

- Klare Anweisungen, Erwartungen, Handlungsrichtlinien und Absprachen,
- klarer und strukturierter Tagesablauf,
- Konfliktminderung mit Pflegekräften,
- Beschaffung und Sicherstellung von Materialien für die Betreuungsarbeit,
- Gesprächsbereitschaft und Offenheit,
- Anregungen und Ideen sowie auch eine beratende Funktion, wenn es mit dem ein oder anderen Bewohner »schwierig« wird,
- Möglichkeit mitzuentscheiden, sich einzubringen und kreativ werden zu können,
- Unterstützung und ein offenes Ohr für persönliche Probleme.

Auch wenn die Beziehung zu meinen Betreuungskräften manchmal sehr nah geworden ist, habe ich mir angewöhnt, über das gegenseitige Siezen eine gewisse Distanz und Respekt zu schaffen. Das ist natürlich von Person zu Person verschieden und auch von Einrichtung zu Einrichtung.

## 6.1 Werden Sie zum Berater für die Betreuungskräfte

Sie fangen als Leitung neu an und haben viele neue Betreuungskräfte? Sie wissen nicht genau, welche Stärken diese haben und welches Wissen vorhanden ist? Sie erstellen einen Tourenplan und setzen voraus, dass die Mitarbeiter*innen wissen, was die Methode des »Snoezelen« ist? Immerhin haben alle eifrig genickt, als Sie gefragt haben, ob die Methode bekannt sei. Sie wundern sich jetzt jedoch, weil die zur Verfügung gestellten Materialien nicht genutzt werden. So erging es mir ...

Woran lag es? Den Kolleg*innen schien es unangenehm zu sein, Wissenslücken zu offenbaren. Als ich das erkannte, suchte ich gezielt das Gespräch mit einzelnen Mitarbeiter*innen. Ich stellte die Methode im Detail vor, demonstrierte Geräte und jede Methode wurde einmal gemeinsam im Bewohnerzimmer durchgeführt. Mir ist es wichtig, dass ich ein gutes Vertrauensverhältnis zu meinen Mitarbeiter*innen entwickeln kann, wir offen mit Defiziten umgehen und gemeinsam Lösungen suchen und finden.

So kommen die Betreuungskräfte jetzt oft auf mich zu und teilen mir mit, dass sie an den einen oder anderen Bewohner »nicht herankommen«. Gerade bei sinneseingeschränkten Personen, Männern, psychisch Erkrankten oder neuen Bewohner*innen scheint sich die Betreuung oft herausfordernd zu gestalten. Die Betreuungskräfte haben nicht selten einen hohen Erwartungsdruck an sich selbst, den es als Leitung abzunehmen gilt. Da fallen Sätze wie *»Ich kriege ihn zu einem Spaziergang einfach nicht motiviert!«* oder *»Wenn ich ins Zimmer komme, tut der Bewohner so, als ob er schläft!«*

In solchen Situationen schauen wir uns den Bewohner gemeinsam an: Was wissen wir aus der Biografie? Welche Vorlieben hatte der Bewohner? Welche Sinne sind intakt und über welche Sinne erreichen wir den Bewohner noch? Was motiviert ihn?

Zum anderen versuche ich auch, den Erfolgsdruck herauszunehmen und verweise auf das Selbstbestimmungsrecht des Bewohners. Das kann allerdings manchmal auch nachteilig sein, wenn ich in der Doku täglich lese: *»Herr M. lehnte mein Angebot ab!«* Eine Balance zwischen der Akzeptanz des Selbstbestimmungsrechts des Bewohners und einem angemessenen Motivationsangebot durch die Betreuungskraft zu schaffen, bestimmt nahezu meine tägliche Arbeit. Sinnvoll ist es hier, die Mitarbeiter*innen zu schulen und Tipps zur Motivation von Senior*innen zu liefern.

## 6.2 Inspirieren und motivieren Sie

Oft verfallen wir in Alltagstrott – davor ist nun mal keiner gefeit. Alltagstrott ist für die Beschäftigung von Menschen mit Demenz und Senior*innen allerdings absolut kontraproduktiv und endet oft in lieblosem und demotiviertem Abarbeiten.

Fragen Sie sich selbst einmal: Wann verfallen Sie in Alltagstrott? Was motiviert Sie? Wann können Sie Beschäftigungsangebote besonders motiviert umsetzen?

Auch wenn Menschen mit Demenz oft zufrieden damit sind, dass sie ein wiederholendes Beschäftigungsangebot erhalten, habe ich gemerkt, dass meine Motivation besonders hoch ist, wenn ich neue Ideen ausprobiere. Ebenfalls habe ich festgestellt, dass auch die Betreuungskräfte zielsicher auf neue, von mir zur Verfügung gestellte Materialien zugreifen und sich motiviert an die Beschäftigungsarbeit begeben.



Da Beschäftigungsmaterial in der Regel sehr teuer ist, kann man vieles selbst erstellen. Das beginnt bei Bildkarten mit Motiven zu verschiedenen Themen, die ausgedruckt[17] oder aus alten Kalendern ausgeschnitten und laminiert Gesprächsimpulse für Senior*innen liefern. Mittlerweile habe ich Ordner mit laminierten Bildern zu diversen Themen, auf die ich zurückgreifen kann: Ob Tiere, Automarken, Sehenswürdigkeiten oder Alltagsgegenstände – hier gibt es einfach unzählige Möglichkeiten, die sich auch von der Biografie der Senior*innen inspirieren lassen. Eine Bewohnerin war Hutverkäuferin, sodass wir alte Fotografien von Damen mit Hüten ausgedruckt und laminiert haben. Ein anderer Bewohner hat auf dem Bau gearbeitet und freute sich, als wir einen Kalender mit Baumaschinen auftreiben konnten.

Sind Sie handwerklich geschickt? Dann sollten Sie sich mit der Montessoripädagogik auseinandersetzen. Ob Schraubbretter, Wäscheklammern oder verschiedene Verschlüsse – mit Alltagsmaterialien kann nicht nur beschäftigt, sondern direkt auch die Motorik gefördert werden. Dazu können diverse Dinge aus dem Alltag an Holzbrettern angebracht und Menschen mit Demenz zur Beschäftigung angeboten werden. Mit diesen Gegenständen bestucke ich in regelmäßigem Turnus die Aktivierungswagen. Nicht nur Mitarbeiter*innen lassen sich von neuen Beschäftigungsmaterial motivieren, sondern auch die Senior*innen.

[17] Achten Sie darauf, dass die von Ihnen genutzten Fotos lizenzfrei sind.

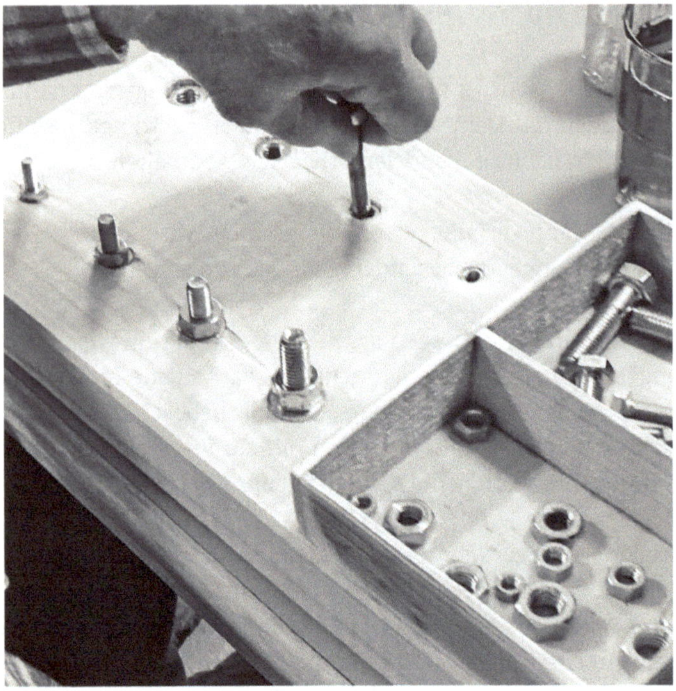

Abb. 5:
Schraubbrett.

Die 10-Minuten-Aktivierung nach Schmidt-Hackenberg empfinde ich ebenfalls als eine einfache und inspirierende Möglichkeit, gute Beschäftigungsarbeit zu leisten, die nicht kostspielig ist. Leere Schuhkartons lassen sich gut beschriften und stapeln. Sie bieten genügend Platz für interessante Gegenstände zu bestimmten Themen. Sie animieren die Bewohner*innen dazu, interessiert hineinzuschauen, die Gegenstände zu berühren und darüber mit den Betreuungskräften in Kontakt zu treten.

Über die Jahre habe ich mit den Kolleg*innen gemeinsam viele Aktivierungskisten bestückt. Das fördert das Team und die Bereitschaft, mit dem zur Verfügung gestellten Material umsichtig umzugehen. Ich stelle auch hier fest: Ist eine Kiste neu, so wird sie vorzugsweise für die Beschäftigungsarbeit genutzt.

Klassische Themen für Aktivierungskisten sind Hochzeit (z. B. mit Brautschleier, Strumpfband, Figuren von Hochzeitpaaren oder Fotos berühmter Hochzeitspaare), Baby, Küche und Haushalt, Werkzeug, Frühjahrsputz, oder Themen wie Strand, Herbst, Weihnachten oder Glückssymbolen. Eine Aktivierungsbox mit alten Krippenfiguren fand in der Weihnachtszeit besonders großen Anklang.

Abb. 6: Motivwagen »Reisesouvenirs«.

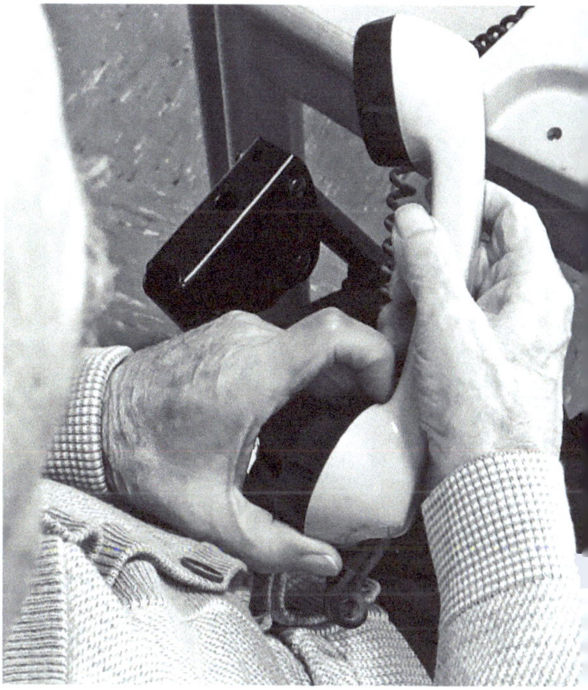

Abb. 7: Telefon

Besonders interessant finden alle die Aktivierungsbox mit Babysöckchen, die paarweise zusammengesucht werden können oder unsere Aktivierungsbox mit Reisesouvenirs.

Aber auch einzelne Gegenstände können zur Aktivierung genutzt werden, wie Spieluhren, Schneekugeln, Naturmaterialien wie Kastanien oder Porzellanfiguren. Hier heißt es suchen, sammeln und mitbringen.

Gerade alte Gegenstände eignen sich sehr gut dafür, um Erinnerungen wachzurufen. Mit einem alten Telefon, einer Schreibmaschine oder einem alten Fotoapparat werden so manche ältere Herren wieder wichtig, indem sie uns »jungen Dingern« erklären können, wie so manches Gerät funktioniert.

Abb. 8: Erinnerungskoffer.

Sie haben bereits ein Fundus aus alten Geräten? Machen Sie einen Erinnerungskoffer daraus, der auch mal im Ganzen zum Staunen, Stöbern und Erinnern einlädt.

**Tipp**

Ein Aushang kann hier auch Pflegekräfte motivieren, sich zu beteiligen und Gegenstände zum Befüllen von Aktivierungskisten oder für die Märchenarbeit mitzubringen.

Eine weitere Möglichkeit der Inspiration sind Tages- oder Wochenimpulse, welche ich vorbereitet und ausgedruckt den Betreuungskräften überlasse. Hierbei kann es sich um Gedichte, jahreszeitliche Themen, Texte zum Brauchtum an den Feiertagen (z. B. Sternsinger, Valentinstag oder Tag der deutschen Einheit) oder kleine Aktivierungseinheiten mit biografischen Fragen und kognitivem Training handeln.

Abb. 9:
Neujahrswünsche.



Eine weitere Möglichkeit: Die Wochenenden stelle ich unter ein Motto, das zur Jahreszeit passt. Die Themen gebe ich bereits in der Jahresplanung an, sodass die Betreuungskräfte die Themen etwas vorbereiten können. Zur Unterstützung gebe ich auch passendes Material heraus. So stellte ich Neujahr und Silvester unter das Thema »Viel Glück und viel Segen« und verteilte Zettel mit Neujahrswünschen. Eine Betreuungskraft ließ sich dann davon inspirieren, band die Neujahrswünsche an Schoko-Schornsteinfeger und drapierte alles in einem Korb. Gemeinsam mit ihren Kolleg*innen überbrachte sie dann den Bewohner*innen die Wünsche.

Gute Themen sind auch z. B. die Titel von bekannten Liedern oder Sprichwörtern. Sie können so ein Wochenende unter ein schönes Motto stellen und zu einem thematischen Rahmen für die Betreuungskräfte werden lassen.

Auch das Erstellen von Fotokarten zu bestimmten Themen bietet eine Möglichkeit, kostenloses Material zur Verfügung zu stellen. Erstellen Sie doch mal Fotokarten mit den Tierkreiszeichen. Eine runde Themenstunde mit Sternzeichen und Horoskopen lädt die Senior*innen zum Erzählen ein.

Noch ein wenig Inspiration: Gemeinsam mit den Betreuungskräften haben wir begonnen, Märchenarbeit anzubieten. Wir sammelten Gegenstände, die das pure Vor-

Abb. 10: Märchenarbeit.

lesen unterstützen und die Märchenarbeit visuell anregend gestalten. Als sich nach und nach das Interesse an der Märchenarbeit verflüchtigte, verteilte ich die Märchen monatlich und bestückte für jeden Monat einen Märchenwagen, der schnell griff- und einsatzbereit war.

Auch das frische Bestücken der Aktivierungswagen mit jahreszeitlichen Bücher, Fotokarten etc. motiviert die Betreuungskräfte.

**Fazit** **Inspiration und Anregung motiviert**

Sie fördern das Miteinander und stärken die Freude an der Arbeit. Gute Beschäftigungsarbeit kann nur gelingen, wenn alle Beteiligten mit Freude an die Arbeit gehen. Mit der Bereitstellung neuer, interessanter Impulse können Sie als Leitung des Sozialen Dienstes diese Motivation erwecken und erhalten.

## 6.3 Regen Sie Reflexionen über eigene Verhaltensweisen an

Schon häufig habe ich erlebt, dass Betreuungskräfte (aber auch andere Mitarbeiter*innen im Pflegeheim) nicht zwischen eigenen Befindlichkeiten, Gefühlen, Erfahrungen und Sorgen und denen der Bewohner*innen unterscheiden können. Häufig wird z. B. der Verlust eines Elternteils auf einen Bewohner oder übertragen, er dem Verstorbenen ähnelt.

**Beispiel** **Wenn aus Fürsorge Distanzlosigkeit wird**

Eine Betreuungskraft kümmerte sich liebevoll und rührend um einen älteren Herrn. Ein Engagement, das ich zunächst in Ordnung fand. Doch dann berichteten mir die Pflegekräfte, die Betreuungskraft würde z. B. während der Körperpflege ins Zimmer kommen und Äußerungen tätigen wie: *»Denkst du bitte daran, die Zähne ordentlich zu putzen!«* Dass dies bei den Pflegekräften nicht gut angenommen wurde, erklärt sich von selbst. Die Situation spitzte sich im Verlauf der Zeit weiter zu.
Die Betreuungskraft besuchte den Bewohner in ihrer Freizeit im Krankenhaus, telefonierte und traf sich mit den Angehörigen privat und duzte diese auch. Die Angehörigen wiederum waren froh, da sich ihres Erachtens nach *»endlich jemand gut um den Joachim«* kümmerte.
Im Gespräch war die Kollegin nicht einsichtig. Sie konnte sich einfach nicht genügend distanzieren. Ihr Verhalten gegenüber dem Bewohner empfand sie als Engagement. Sie konnte nicht verstehen, weshalb ihr Verhalten Anlass für kritische Gespräche lieferte. Erst nach dem Tod des Mannes gab sie zu: *»Er hat mich einfach an meinen Vater erinnert. Ich konnte damals nichts für ihn tun und jetzt hatte ich das Gefühl, endlich etwas tun zu können und Wiedergutmachung zu leisten!«*

Es ist einfach so, dass wir uns zu bestimmten Menschen hingezogen fühlen, manche sympathischer finden und andere unsympathischer – davor ist auch ein pädagogisch geschulter Mensch nicht gefeit. Im Unterschied zu Otto Normalverbraucher sollte der pädagogisch Tätige hier jedoch sich selbst reflektieren und erkennen können, ob sein Verhalten durch Sympathie/Antipathie oder Mitleid geleitet wird. Es ist nicht nur so, dass manchmal das Verhalten distanzlos wird, sondern bei den Bewohner*innen, die man sympathischer findet, schneller kleine »Gefälligkeiten« übernommen werden, als bei den unsympathischeren Zeitgenossen. Das kann das Besorgen der Lieblingsmarmelade sein oder die Übernahme von privaten Besuchen, freundschaftliche Gesten oder gar übergriffiges Verhalten (wie grenzverletzende Berührungen oder Pflegetätigkeiten). Aus einer gut gemeinten Tat für einen netten, alten Menschen kann schnell ein Übertreten von Grenzen werden – auch der eigenen – und im schlimmsten Fall endet das in einem Burnout.

Grundsätzlich gebe ich meinen Kolleg*innen aus der Betreuung den Rat:
*»Fragen Sie sich immer Folgendes: Wenn ich für Herrn Müller jetzt Folgendes tue – würde ich genau das gleiche auch für 30 andere Bewohner*innen tun?«*

Es ist eine große Aufgabe für Leitungen des Sozialen Dienstes, dieses »Nähe und Distanz-Verhältnis« – gerade bei unerfahrenen Betreuungskräften – im Blick zu behalten. Als Leitungskraft sind Sie auch Coach. Sie müssen sensibilisieren, Reflexionen ermöglichen und trotzdem eine angemessene Beziehung zwischen Bewohner*innen und Alltagsbegleiter*innen zu ermöglichen.

*Wichtig* **Anzeichen für ein unangemessenes Nähe-Distanz-Verhalten**

- Wird ein bestimmter Bewohner zum regelmäßigen Thema bei der Betreuungskraft?
- Sucht die Betreuungskraft vermehrt den Kontakt zu einem bestimmten Bewohner?
- Bringt die Betreuungskraft kleine Präsente mit oder erledigt sie in ihrer Freizeit Gefälligkeiten für den Bewohner?
- Fallen Begriffe wie »Er erinnert mich an meinen Opa …« oder »Wir zwei sind befreundet!«
- Wird der Bewohner von der Betreuungskraft geduzt?

## 6.4 Stellen Sie die Dokumentation auf ein sicheres Fundament

»Dokumentationswahnsinn in der Pflege« oder »Entbürokratisierung der Pflege« sind immer wieder Klagen bzw. Konzepte, die die Welt der Pflege erschüttern. Gefühlt hat sich die Dokumentation tatsächlich verändert, aber weniger ist sie nicht geworden. Weniger dokumentieren und trotzdem bei Prüfungen gut abschneiden oder abgesichert zu sein (z. B. im Fall eines Sturzes) scheint kaum möglich. Hinzu kommen wenig qualifizierte oder ausländische Pflege- und Betreuungskräfte, die sich – meist aus Angst vor Fehlern – gar nicht trauen, zu dokumentieren. Einige scheitern schon an der digitalen Technik. Andere haben Schwierigkeiten zu formulieren, wieder andere Defizite bei der deutschen Sprache, insbesondere was das Schriftliche anbelangt. Einige der Fehler, die bei der Dokumentation vorkommen können:

- Die Dokumentation deutet auf Missstände in der Pflege hin: *»Konnte nicht spazieren gehen, weil der Bewohner nicht mobilisiert wurde!«*
- Wertungen werden eingebracht: »Der Bewohner war zu faul, um an der Gruppenaktivität teilzunehmen« oder: »Der Bewohner aß lieber genussvoll das Eis!«
- Die Dokumentation ist unvollständig: »Habe vorgelesen!« oder »Gespräch über Sorgen und Alltägliches geführt!«

Um Frustration auf allen Seiten zu vermeiden, lautet hier der Anspruch an die Leitung im Sozialen Dienst: Defizite erkennen, erklären, kontrollieren und unterstützen. Hier einige Ideen aus der Praxis, um die Dokumentationskompetenzen der Betreuungskräfte zu fördern:



- Geben Sie ein Feedback für die Dokumentation, indem Sie die Einträge abschreiben und den Mitarbeiter*innen aushändigen. Viele merken zum ersten Mal, dass ihre Einträge nicht nachvollziehbar sind. Diese Methode ist zeitaufwendig, fruchtet aber umso mehr und die Mitarbeiter*innen sind dankbar für das Feedback.
- Erstellen Sie Formulierungshilfen und geben Sie sie den Betreuungskräften mit. Die Formulierungshilfen sollten möglichst auf die Betreuungsangebote der Einrichtung ausgerichtet sein und einfache Satzbausteine für die tägliche Dokumentation enthalten. Um der Betreuungskraft Variationen zu bieten, um Gefühle und Emotionen der Bewohner*innen beschreiben zu können, arbeite ich bei den Formulierungshilfen mit einem einfachen Ampel- oder Smileysystem. Ein lächelnder Smiley bedeutet, dass das Angebot beim Bewohner gut ankam (Wohlbefinden), ein trauriger Smiley dokumentiert hingegen Unwohlsein.
- Bieten Sie regelmäßige Fortbildung zum Thema Dokumentation an. So sensibilisieren Sie alle Mitarbeiter*innen.
- In Einzelcoachings gehe ich gezielt auf die Defizite, aber auch Kompetenzen der Mitarbeiter*innen ein. Einzelcoaching bedeutet, dass ich gemeinsam mit der Betreuungskraft dokumentiere. Leitfragen sind dabei:
  - Was haben Sie genau gemacht?
  - Wie hat der Bewohner reagiert?
  - Mussten Sie etwas an der Betreuung verändern?
  - Haben Sie ein weiteres Angebot gemacht (z. B. ein Alternativangebot, weil der Bewohner das Betreuungsangebot abgelehnt hat)?

Grundsätzlich gilt bei der Mitarbeiterführung von Alltagsbegleiter*innen: Je mehr Sicherheit Sie als Leitung des Sozialen Dienstes für die Alltagsbegleiter*innen schaffen, desto besser und effizienter gestaltet sich der Soziale Dienst.

**Tipps**

- Erheben Sie den Wissenstand der Mitarbeiter und füllen Sie Lücken durch gezielte Fortbildungen und Anleitung.
- Organisieren Sie regelmäßige Teamsitzungen.
- Führen Sie gezielte Feedbackgespräche.
- Lassen Sie Zeit für Reflexionen.
- Geben Sie die Tagesstruktur vor.
- Kontrollieren Sie die Dokumentation.
- Legen Sie Konzepte und Handlungsanleitungen schriftlich vor und lassen Sie unterzeichnen.

## 6.5 Evaluieren und kontrollieren Sie

Prüfungssituationen sind schrecklich und die meisten meiner Betreuungskräfte fühlen sich geprüft, wenn ich eine Betreuungsvisite ankündige. Doch als Leitung des Sozialen Dienstes bleibt auch Ihnen nichts anderes übrig, als Ihre Kontrollfunktion wahrzunehmen und einfach mal zu schauen, was Ihre Betreuungskräfte da so machen. Zwei Möglichkeiten haben Sie

1. Die Betreuungsvisite
2. Den Blick in die Dokumentation

**Die Betreuungsvisite**

Gerade wenn Sie neu starten, eignet sich eine Betreuungsvisite, um Ihre Betreuungskräfte kennenzulernen, Fähigkeiten und Kompetenzen zu erkennen und Defizite anzusprechen.

Sensibilisieren Sie Ihre Mitarbeiter*innen:

- Wie war die Kommunikation mit dem Bewohner?
- Hatte der Bewohner die Möglichkeit, sich ein Angebot auszusuchen oder auch abzulehnen?
- Sind Lärmquellen beseitigt worden, damit der Bewohner die Möglichkeit hat, sich auf die Aktivität zu konzentrieren?

**Der Blick in die Dokumentation**

Eine weitere Möglichkeit der Kontrolle ist der Blick in die Dokumentation. Monatlich sollten Sie überprüfen, ob ein Bewohner möglicherweise »zufällig« durch das Raster fällt und – sollte dies so sein – ermitteln, weshalb das so ist. Ein Grund hierfür könnte sein, dass die Alltagsbegleitung fachliche Defizite hat und z. B. gar nicht weiß, wie sie das Angebot durchzuführen hat. Eine andere Ursache ist es, dass die Betreuungskraft einfach Schwierigkeiten hat, eine Beziehung zum Bewohner aufzubauen. Auch hier können ein fachliches Gespräch, Tipps oder ein gemeinsamer Zugang zum Bewohner schnell Abhilfe schaffen.

**Ziel**
Eine möglichst hohe Qualität in der pädagogischen Arbeit der Betreuungskräfte erreichen

**Vorgehen**
Eine Betreuungsvisite kann natürlich erfolgen, um einen Mitarbeiter zu beurteilen, aber auch, um sich selbst ein Bild von einem Bewohner zu machen. Ich halte folgende Kriterien bei der Arbeit – insbesondere von Menschen mit Demenz – für unerlässlich:

- Blickkontakt, demenzgerechte Kommunikation, angemessene Berührungsangebote.
- Respektvolle Ansprache des Bewohners (»Sie« und Ansprache über den Nachnamen, es sei denn, der Vorname wird ausdrücklich gewünscht).
- Achten auf Nebengeräusche, Radio, Fernseher etc., da gerade bei Menschen mit Demenz Nebengeräusche nicht immer gefiltert werden und dadurch die Konzentration leiden kann.
- Kann der Bewohner selbst über ein für ihn interessantes Angebot entscheiden, sofern ihm die Betreuungskraft eine Auswahl bietet?
- Entscheidet die Betreuungskraft einfach allein, was für den Bewohner richtig ist?
- Kann die Betreuungskraft angemessen auf die Wünsche und Bedürfnisse oder auf sogenannte »herausfordernde Verhaltensweisen« eingehen?
- Erkennt die Betreuungskraft Überforderung bei bestimmten Aufgaben und kann sie die Aktivierungseinheit so steuern, dass die Betreuung mit einem Erfolg beim Bewohner (positiv) beendet werden kann?
- Macht die Betreuungskraft beim Abschied Versprechungen, die Sie evtl. nicht halten wird (*»Ich komme nachher noch mal zu Ihnen!«*)?
- Kann die Betreuungskraft in der tatsächlichen Situation wirklich reflektieren, das Verhalten des Bewohners z. B. empathisch einordnen? Erkennt Sie anhand der Mimik und Gestik Anzeichen für Wohlbefinden oder Unwohlsein? Kann Sie darauf angemessen reagieren?
- Und letztendlich: Wie dokumentiert die Betreuungskraft das Angebot? Kann sie es wertfrei und nachvollziehbar wiedergeben?

Ich habe dazu ein Formular (▸ Tab. 13) erstellt, das ich Ihnen gern vorstellen möchte.

**Tab. 13: Formular für die Betreuungsvisite**

| Betreuungsvisite – Kriterien | Beobachtung |
|---|---|
| 1. Begrüßung: Ist die Begrüßung angemessen (Initialberührung, Blickkontakt)? | |
| 2. Nebengeräusche: Radio/Fernseher, Türe geschlossen? | |
| 3. Nach welchen Kriterien entscheidet die Betreuungskraft über die Betreuungsmethode/-material? (Kann der Bewohner selbst entscheiden?) | |
| 4. Kommunikation: Geht die Betreuungskraft auf Wünsche und Bedürfnisse des Bewohners ein? Wird die Biografie des Bewohners berücksichtigt? | |
| 5. Erfolg/Misserfolg: Wird die Aktivierung mit einem Erfolgserlebnis beendet? | |
| 6. Abschied: Ist der Abschied angemessen? | |
| 7. Reflexion: Wohlbefinden des Bewohners; werden Ressourcen und Fähigkeiten erkannt? | |
| 8. Dokumentation: Kann die Betreuungskraft die Erkenntnisse wertfrei und vollständig dokumentieren? | |
| 9. Fortbildungsbedarf? | |
| 10. Arbeitet die Betreuungskraft nach Hygienestandards? | |

Besprechen Sie Ihre Beobachtungen im Anschluss mit der Betreuungskraft. Grundsätzlich finde ich es persönlich nachhaltiger, wenn die Betreuungskraft sich zunächst selbst bewertet. Was habe ich gut gemacht? Was kann ich besser machen?

Besprechen Sie im Anschluss Ihre Beobachtungen. Um vertrauensvoll zusammenzuarbeiten, ist es auch wichtig zu betonen, was die Betreuungskraft gut gemacht hat und Wertschätzung für ihre Arbeit zu zeigen. Entwickeln Sie gemeinsam Ideen wie die Betreuungsarbeit sich qualitativ verbessern lässt.

Lassen Sie sich unbedingt das Formular unterschreiben und händigen Sie der Betreuungskraft eine Kopie aus.

**Fazit** **Evaluieren und kontrollieren**

- Erstellen Sie sich ein entsprechendes Formular.
- Besprechen Sie die Betreuungsvisite und zu welchen Zweck Sie diese einsetzen möchten mit den Mitarbeitern. Wichtig ist hier, darauf hinzuweisen, dass es nicht zu Kontrollzwecken dient, sondern um die Qualität in der Seniorenarbeit zu steigern.
- Vereinbaren Sie Termine mit den Betreuungskräften.
- Holen Sie sich ggf. das Einverständnis des Bewohners für die Visite.
- Beobachten Sie die Situation und greifen Sie nur ein, wenn es für den Bewohner gefährlich wird (z. B. Sturzgefahr).
- Besprechen Sie im Anschluss an die Visite Ihre Beobachtungen mit der Betreuungskraft. Fragen Sie die Betreuungskraft selbst, wie Sie die Situation empfunden hat.
- Besprechen Sie die weitere Vorgehensweise, evtl. Fortbildungsbedarf.



## 6.6 Organisieren Sie eigene Fortbildungen für Ihre Betreuungskräfte

In den Richtlinien für Betreuungskräfte nach § 43b ist klar definiert, dass jede Betreuungskraft jährlich 16 Fortbildungsstunden nachweisen muss: *»Die regelmäßige Fortbildung umfasst jährlich mindestens insgesamt 16 Unterrichtsstunden, in denen das Wissen aktualisiert wird und eine Reflexion der beruflichen Praxis stattfindet.«*[18] Es wird allerdings nur unklar umrissen, welche Themen behandelt werden müssen. Wichtig ist jedoch der Aspekt der »Reflexion«.

Die Richtlinien stellen keine Ansprüche an den Dozenten oder Träger bzgl. Weiterbildung und jährliche Refresher. Es gibt daher viele Anbieter, die diese Fortbildungen anbieten, nicht selten finden sich auch schwarze Schafe darunter. Wenn Sie Ihre Betreuungskräfte zu externen Fortbildungen schicken, haben Sie kaum Einfluss auf die Themenwahl oder die Inhalte, und letztendlich wissen Sie auch nicht, was tatsächlich in der Fortbildung gelehrt wurde. Sie können im weiteren Verlauf nur selten auf die Fortbildungsinhalte in der Praxis verweisen. Auf Nachfrage, was genau die Betreuungskraft gelernt hat, habe ich oft zu hören bekommen: *»Wir haben nur reflektiert!«*

---

[18] Vgl. Richtlinien nach §53b SGB XI zur Qualifikation und zu den Aufgaben von zusätzlichen Betreuungskräften in stationären Pflegeeinrichtungen vom 19. Augustin 2008 zuletzt geändert durch Beschluss vom 21. Oktober 2022, §4 (4)

Deshalb bin ich vor einigen Jahren dazu übergegangen, Fortbildungen selbst zu halten. Das ist finanziell für den Träger allerdings nur interessant, wenn es sich um eine größere Einrichtung oder um trägerweite Fortbildungen handelt. Alternativ ist es auch möglich, Dozent*innen in die Einrichtung einzuladen und die Fortbildungen vor Ort anzubieten.

Der Vorteil ist nicht nur, dass Sie genau wissen, was die Betreuungskraft gelernt haben muss, sondern auch für Sie sind solche Fortbildungen immer wieder eine Wissensauffrischung. Weiterer Vorteil: Sie können auf diese Art und Weise neue Konzepte einführen, Wissenslücken, die sich während der Betreuungsvisiten aufgetan haben, beheben und für eine hohe pädagogische Qualität sorgen. Außerdem ist es möglich, in der Praxis auf die gelernten Inhalte hinzuweisen und somit effizient eine Verbindung zwischen Theorie und Praxis herzustellen.

Auch kleine Fortbildungen eignen sich dazu, Ihren Betreuungskräften Wissen zu vermitteln, Wissenslücken zu schließen oder aufzufrischen. Gerade Themen wie Sterbebegleitung, Beschäftigung für immobile Bewohner*innen, herausforderndes Verhalten bei Menschen mit Demenz, Biografiearbeit oder Dokumentation sind Dauerbrenner.

**Tipp**

Wie Sie erkennen, was nötig ist? Schauen Sie genau hin, welchen Situationen Ihre Betreuungskräfte in der Praxis begegnen.

Ich hatte einmal bei einem Bewohner »Sterbebegleitung« als Maßnahme angesetzt. Eine Betreuungskraft, mit der ich erst seit Kurzem zusammenarbeitete, kam zu mir und sagte: *»Das ist mir furchtbar peinlich, aber können Sie mir sagen, was ich genau machen soll?«* Ich habe die Kollegin für ihren Mut bewundert und ihr in Ruhe alles erklärt. Einige Wochen später habe ich dann eine kurze Fortbildung zum Thema »Sterbebegleitung« durchgeführt, weil ich davon ausgehen musste, dass auch noch weitere Kolleg*innen Bedarf hatten, ohne dass sie sich getraut hätten zu fragen.

**Tipp**

Auch wenn Sie z. B. neue Konzepte umsetzen wollen, ist es gut, mit einer entsprechenden Fortbildung zu starten, damit es nicht zu Unklarheiten kommt. Geben Sie Ihre Anweisungen in Papierform heraus, müssen Sie damit rechnen, dass der ein oder andere die Anweisungen und das Konzept gar nicht lesen wird.

# 7 Nach Corona … ist vieles anders

2019 überrollte uns die Coronawelle völlig überraschend. Freiheiten, die wir für selbstverständlich erachtet haben, rückten in unerreichbare Ferne. Besonders hart traf es die Langzeitpflegeeinrichtungen. Da, wo man gegen Einsamkeit in Alter vorgeht, wo man versucht, ein Gefühl von Gemeinschaft zu schaffen, sollte nun alles auf Abstand passieren. Besuche wurden verboten, fanden mit Abstand, hinter Glas, in Schutzanzügen oder per Bildschirm statt. Gruppenangebote, insbesondere Singrunden, Gottesdienste, Feste und Ausflüge – die Highlights des Jahres – durften nicht mehr stattfinden. Da war Kreativität gefragt …

Viele Altenpflegeeinrichtungen haben Altbewährtes, aber Corona-Untaugliches über Bord geworden und stattdessen neue – Corona-konforme Konzepte entwickelt. Auch wir taten das.

## 7.1 Ein Corona-konformes Konzept (nach Corona)

Im Folgenden möchte ich Ihnen ein Corona-konformes Konzept vorstellen. Auch als sich die Infektionslage beruhigt hatte, haben wir dieses Konzept weiter genutzt, weil es sich als sehr effektiv herausgestellt hat.

Was kann man alten Menschen, die allein in ihren Zimmern sind, Gutes tun? Das war auch zu Beginn der Pandemie in der großen gesellschaftlichen Anteilnahme die Frage, aus der viele Spendenaktionen für Senioren entstanden. So spendete uns eine Eisdiele Eis in einem kleinen Eiswagen, mit dem wir von Zimmer zu Zimmer gezogen sind und leckeres Eis an die Bewohner*innen verteilten. Die Aktion war sehr wirkungsvoll: Die Bewohner*innen haben sich sehr gefreut, die Betreuungskraft hat mit dieser Aktion innerhalb kürzester Zeit – fast – alle Bewohner*innen erreicht und für einen kurzen Augenblick des Wohlbefindens gesorgt.

Aus dieser Aktion entwickelten wir im Team weitere Ideen. Mit einem entsprechend dekorierten Servicewagen ziehen wir seither von Zimmer zu Zimmer und erreichen auch diejenigen, die sonst schwer zu erreichen sind. Gerade durch Aromen und Düfte können wir die Sinne der Bewohner*innen anregen, wenn wir diese bis in die Zimmer transportieren. Hier einige Ideen zum Nachmachen und weiterentwickeln:

Abb. 11: Mottowagen.

7

- Herbst und Winteraktionen:
  - Teewagen mit verschiedenen aromatischen Teesorten, Kandiszucker,
  - Kakaowagen mit heißem Kakao, Schlagsahne und Schokostreusel,
  - Jahresumtrunk: Sektempfang von Zimmer zu Zimmer,
  - die Karawane zieht weiter: Karnevalsumzug mit Sekt und Musik.
- Frühjahr und Sommeraktionen:
  - Aprilscherz: Fühlwannen mit Wackelpudding sorgen für eine witzige Überraschung.
  - Der Eismann kommt: Ob Eisbecher oder Eiscafé – wir sorgen für eine Erfrischung!
  - Zum Trinken animiert eine mobile Saftbar mit Säften zum Selbermischen.
- Café rund um die Welt: Die Servicewagen wird zu einem mobilen Kuchenlieferanten mit Spezialitäten aus fernen Ländern und Erzählgarantie.

## 7.2 Die Tierintervention

Eine weitere pandemiebedingte Errungenschaft war die Einführung einer Tierintervention in unserer Einrichtung. Berührungen – die so wichtigen Bestandteile einer beziehungsgestaltenden Pflege und Betreuung – galten plötzlich als »gefährlich« und sollten möglichst vermieden werden. Was konnten wir tun, um unseren Bewohner*innen trotzdem etwas Gutes zu tun?

Nach Gesprächen mit der Einrichtungsleitung, dem Einholen von vielen Informationen rund um die artgerechte Haltung, zogen mit den ersten Frühlingssonnenstrahlen vier süße Kaninchen in das selbstgebaute Gehege vor unserer Einrichtung ein. Ein Highlight für die Bewohner*innen! Mit einem selbstgebauten, fahrbaren Stall konnten wir auch die Immobilen unter ihnen erreichen.

Abb. 12: Der fahrbare Kaninchenstall.

Auch die schwer erreichbaren Männer interessierten sich für die flauschigen Tiere – wenn auch erst einmal mit Skepsis und Vorsicht. Später erweiterten wir das Angebot um zwei Enten und fünf Hühner.

Vorteile der Tierintervention:

- Ein Highlight – werbewirksam, anziehend und gleichzeitig sehr bereichernd für die Betreuung der Bewohner*innen und die Atmosphäre im gesamten Team.
- Sie erreichen damit fast alle Bewohner*innen – vom immobilen Bewohner, der durch das Berühren des Kaninchens Freude empfindet, bis zu dem Herrn, der draußen vor der Tür sitzt und die Tiere aus der Ferne beobachtet.
- Tiere sind ein toller Anker für Biografiearbeit, Kommunikation oder als Motivation für einen Spaziergang.

Das brauchen Sie:

- Kenntnisse in der Tierhaltung,
- Genehmigung der Leitung – immerhin sind Tiere ein Kostenfaktor,
- bei Geflügel Anmeldung beim Veterinäramt,
- engagiertes Personal, das bereit ist, sich um die Tiere zu kümmern (Stall ausmisten, morgens rauslassen und abends wieder in den Stall bringen, Füttern etc.).
- Einwilligung des Bewohners (achten Sie auf Allergien und Ängste)

# 8 Der Tourenplan

Meine Methode des Tourenplans wende ich nun seit einigen Jahren an und habe diese auf andere Einrichtungen erfolgreich übertragen. Aus meiner Erfahrung heraus bietet der Tourenplan einige Vorteile, die ich im Folgenden erörtern möchte.

## 8.1 Transparenz erreichen und die Schnittstellenarbeit erleichtern

*»Hol mal, bring mal, mach mal ...«* – die Betreuungskraft ist oft diejenige, die von den anderen Berufsgruppen als Assistent*in genutzt wird. Die eine Betreuungskraft lässt sich natürlich schneller instrumentalisieren als eine andere – je nach Persönlichkeit, Erfahrung und Selbstbewusstsein. Die Betreuungsarbeit leidet darunter aber massiv. Die Konsequenzen sind nicht sofort ersichtlich, aber nachhaltig, denn die Zeit für Besorgungen fehlt für die Betreuungsarbeit.

Mit dem Tourenplan hat die Betreuungskraft einen Rückhalt. Sie kann darauf verweisen und Anfragen zurückweisen, die von anderen Berufsgruppen gestellt werden. Mit dem Tourenplan für Betreuungskräfte sorgen diese über die Dokumentation hinaus (die ja meist erst zum Ende der Schicht erfolgt) für Transparenz ihrer Tätigkeit – insbesondere, weil Betreuungsarbeit im Gegensatz zur Pflegetätigkeit nicht immer gesehen wird bzw. auch nicht immer und direkt sichtbar ist.

Schwarz auf weiß, Aufgabe für Aufgabe: Damit wird Betreuungsarbeit auch für gestresste Pflegekräfte sichtbar. Insbesondere hinsichtlich der (meist) gleichen Bezahlung (zumindest, wenn der Pflegemindestlohn gezahlt wird) von Pflege- und Betreuungsassistent*innen sorgen Sie mit dieser Transparenz für mehr Verständnis und weniger Stress im Team.

Mit dem Tourenplan erleichtern Sie die Schnittstellenarbeit untereinander. Am Beispiel »Spaziergänge« lässt sich das gut erkennen: Wenn für Herrn Müller am Montag ein Spaziergang ansteht, sorgt ein gut sichtbarer Tourenplan des Sozialen Dienstes im Pflegestützpunkt dafür, dass Herr Müller mobilisiert und vielleicht schon für einen Spaziergang vorbereitet wird. Gleichzeitig können z. B. in Fallgesprächen gemeinsam mit dem Pflegeteam Änderungen im Ablauf/Tourenplan besprochen werden, um etwa herausfordernden Verhaltensweisen zu begegnen und diese über die Betreuung aufzufangen.

## 8.2 Den Einstieg von Betreuungsassistent*innen erleichtern

In Bewerbungsgesprächen habe ich die Erfahrung gemacht, dass das Präsentieren eines fertigen Tourenplanes bei vielen Betreuungskräften auf Zuspruch stößt. Sie wissen, was auf sie zukommt und gerade am Anfang, wenn die Station aus lauter unbekannten Bewohner*innen besteht, sind Betreuungskräfte in der Lage, sich anhand des Tourenplanes zu orientieren und zu organisieren. Der Tourenplan bewirkt, dass kein Bewohner vergessen wird.

Empfehlenswert für die erste Orientierung ist es, den Tourenplan mit Zimmernummern zu versehen und diesen in der Reihenfolge auch so zu gestalten, dass die Betreuungskraft nicht zu viel Zeit verliert, weil sie erst die richtigen Zimmer suchen muss. Gerade zu Beginn ist dies wirklich hilfreich. Auch wenn die Einrichtung größer ist und eine Betreuungskraft auf einem ihr weniger bekannten Wohnbereich einspringt, sorgt der Tourenplan für Sicherheit und effiziente Organisation.

Eine perfekte Betreuungskraft kann sich selbst organisieren, kennt ihre Zeitressourcen und erkennt gleichzeitig den tagesaktuellen Betreuungsbedarf beim Bewohner. Bekanntlich sind wir jedoch nicht alle perfekt und manchmal ist die Arbeit der Betreuungskraft nicht ersichtlich. Auf Nachfrage erhalten Sie Antworten wie: *»Ich schaffe das nicht«* oder *»Es ist alles zu viel«*.

**Tipp**
Anhand der Tourenplanung können Sie Zeitpuffer aufzeigen und der Betreuungskraft Zeitvorgaben machen, indem Sie den Tourenplan mit genauen Zeitangaben versehen.

## 8.3 In der Prüfsituation mit dem Tourenplan punkten



Jede Einrichtung durchläuft mindestens einmal jährlich eine Prüfung. Ob Medizinischer Dienst oder Heimaufsicht, eine Prüfsituation ist immer stressig. Der Soziale Dienst – auch wenn er maßgeblich am Wohlbefinden der Bewohner*innen beteiligt ist – steht bei solchen Prüfungen eher im Hintergrund. Nichtdestotrotz können Sie mit Ihrer Arbeit punkten, insbesondere dann, wenn ersichtlich ist, dass

- eine individuelle Maßnahmenplanung für die Betreuung steht,
- für jeden Bewohner die Möglichkeit besteht, an die frische Luft zu kommen,
- die Betreuungskräfte für Betreuungsmaßnahmen eingesetzt werden und nicht für zusätzliche pflegerische oder hauswirtschaftliche Aufgaben,
- der Bewohner Wahlfreiheit bei der Betreuung hat.

Mit der von mir vorgestellten Methode und einer aktuellen Tourenplanung können Sie bei all diesen Anforderungen eine Punktlandung machen.

**Tipp**
Halten Sie bei der Prüfung eine aktuelle Tourenplanung bereit und präsentieren Sie diese bei Bedarf dem Prüfer.

## 8.4 »Der Tourenplan gibt mir Rückhalt« – Interview mit einer Betreuungskraft

Im Zuge der Übernahme eines Sozialen Dienstes in einer großen Einrichtung mit 160 Betten führte ich den Tourenplan ein und strukturierte den Sozialen Dienst neu. Wie sich diese Veränderung auf die Betreuungsarbeit ausgewirkt hat und welche Veränderungen bewirkt worden sind, möchte ich Ihnen nun aus Sicht einer Betreuungskraft schildern. Im Interview war diese bereit, mir Rede und Antwort zu stehen und einen Beitrag für dieses Buch zu leisten.

**Wie lange arbeiten Sie schon als Betreuungskraft, was haben Sie vorher beruflich gemacht?**
*»Ich bin seit 2014 als Betreuungskraft tätigt. Ich habe mal eine Ausbildung zur Frisörin gemacht, konnte aber aufgrund einer Allergie nicht in dem Beruf arbeiten. Ich habe dann als Reinigungskraft, Zimmermädchen und als Verkäuferin gearbeitet.«*

**Was hat Sie motiviert Betreuungskraft zu werden?**
*»Ich habe mich um meine Großmutter gekümmert. Das hat mir Spaß gemacht. Irgendwann war meine Oma aber so pflegebedürftig, dass sie ins Altenheim musste- die Pflege konnten wir zuhause nicht mehr leisten. Ich habe dann den Wunsch entwickelt, im Sozialen Dienst als Betreuungskraft zu arbeiten.«*

**Wenn Sie sich an den Anfang als Betreuungskraft zurückerinnern: Was waren die größten persönlichen Herausforderungen?**
*»Ich empfand die Zusammenarbeit mit der Pflege äußerst schwierig. Manchmal war mir nicht klar, was meine Aufgaben sind. Und manchmal war ich auch mit der Betreuung von bestimmten Bewohnern total überfordert. Die Schulung hat einfach nicht ausgereicht, um mich auf den Berufsalltag als Betreuungskraft ausreichend vorzubereiten.«*

**Erinnern Sie sich bitte an die Zeit vor dem Tourenplan: Wie war Ihr Arbeitsalltag gestaltet?**
*»Bevor wir einen Tourenplan hatten, war es für mich nicht immer leicht, mich zu organisieren, zu entscheiden, was ich zuerst mache. Manchmal war ich damit wirklich überfordert.«*

**Erinnern Sie sich bitte an die Zeit vor dem Tourenplan: Wie war die Schnittstellenarbeit?**
*»Manchmal war es schwierig, sich abzugrenzen. Die Pflegekräfte dachten immer, ich hätte nichts zu tun – so kam es mir zumindest vor. Oft kam es dazu, dass man mir Aufgaben zugeteilt hat, für die ich nicht zuständig war. Aber ich wusste nicht, wie ich rechtfertigen soll, dass ich noch Betreuungsarbeit zu tun habe.«*

**Erinnern Sie sich bitte an die Zeit vor dem Tourenplan: Nach welchem Prinzip haben Sie ausgewählt, welcher Bewohner*innen einen Spaziergang erhält?**
*»Wenn das Wetter nicht schön war, habe ich überhaupt keine Spaziergänge angeboten. Wenn das Wetter dies zuließ, habe ich mich für Bewohner entschieden, von denen ich wusste, dass sie gern ein Spaziergang machen wollen – einfach bei den Bewohnern, bei denen ich keine Abfuhr erhielt. Auch habe ich natürlich geschaut, welcher Bewohner gerade mobilisiert war.«*

**Erinnern Sie sich bitte an die Zeit vor dem Tourenplan: Nach welchem Prinzip haben Sie ausgewählt, welchen Bewohner*innen Sie betreuen?**
*»Ich habe mich schon bemüht, allen gerecht zu werden. Aber wenn ich ehrlich sein soll: Zu manchen Bewohnern hatte ich einfach einen guten Zugang. Die freuten sich, wenn ich mich mit ihnen beschäftigt habe. Bei einigen Bewohnern fiel es mir schwer, sie zu betreuen – gerade, wenn ich keine direkte Rückmeldung erhalten habe, weil der Bewohner dazu nicht mehr in der Lage war, oder wenn ich wusste, dass der Bewohner keine Beschäftigung wünscht. Manchmal bin ich gar nicht erst hin.«*



**Welche Gedanken/Bedenken hatten Sie bei der Einführung des Tourenplanes?**
*»Ich hatte ein wenig Sorge und Bedenken, dass jetzt mehr Arbeit auf mich zukommt.«*

**Welche Vorteile/Nachteile bietet der Tourenplan für Sie?**
*»Also, ich sehe nur Vorteile: Ich habe etwas in der Hand, an dem ich mich orientieren kann. Ich weiß, welche Bewohner ich aufsuchen muss. Auch wenn mir der Zugang zu bestimmten Bewohnern schwerer fällt – mit dem Tourenplan suche ich diese auf und versuche eine Bindung aufzubauen.*

*Auch mit den Kollegen aus Pflege und Hauswirtschaft läuft es besser. Die Kollegen sehen, dass ich auch Arbeit habe, die ich zu leisten habe. Ich kann immer auf meinen Zettel verweisen und sagen: »Schau mal, dass muss ich heute alles noch machen!««*

**Erinnern Sie sich bitte an die Zeit vor der Einführung des Aktivierungs- bzw. Snoezelenwagens: Wie haben Sie mit den Bewohner*innen gearbeitet?**
*»Also, ich habe improvisiert: Am schnellsten war es, die Tageszeitung zu nehmen und daraus vorzulesen. Manchmal habe ich auch aus Büchern vorgelesen. Dann habe ich mir schon mal was aus dem Fundus geholt – ein Spiel oder Bilder zum Anschauen. Mit einem Gegenstand habe ich dann versucht, alle Bewohner zu erreichen – was jedoch nicht immer geglückt ist.*

*Besonders bei den immobilen Bewohnern hatte ich einfach kaum Ideen, wie ich eine gute Betreuung erbringen kann. Man hatte uns in der Weiterbildung etwas zur Basalen Stimulation® erzählt – aber in der Praxis konnte ich das kaum anwenden. Ich hatte Scheu, Bewohner anzufassen – auch weil ich nicht wusste, ob sie meine Berührung akzeptieren. Da war ich einfach total unsicher.«*

**Welche Gedanken/Bedenken hatten Sie bei der Einführung der Aktivierungswagen/ Snoezelwagens?**
*»Irgendwie kam ich mir blöd vor, mit so einem Wagen durch die Gegend zu ziehen. Auch die Pflegekräfte haben das Ganze belächelt. Aber dann habe ich mir gedacht: Gut, gibst du den Ganzen mal eine Chance.«*

**Welche Vorteile/Nachteile bringt der Snoezelenwagen/Aktivierungswagen für Sie?**
*»Mit Aktivierungs- und Snoezelenwagen fühle ich mich im Alltag gut ausgerüstet. Ich habe verschiedene Möglichkeiten zur Aktivierung und Beschäftigung dabei – ich muss nicht hin- und herlaufen – was viel Zeit spart. Der Bewohner sieht immer, dass ich was dabei habe und interessiert sich für das eine oder andere Mitbringsel. Ich hatte auch einen Bewohner, an den ich früher nie herankam. Der hat gleich abgewunken, wenn ich in seine Nähe kam. Auf dem Aktivierungswagen war dann ein Brett mit Schrauben. Da hat er draufgeschaut – immer wieder. Ich habe es ihm angeboten und war total begeistert, weil ich Zugang bekommen habe.*

*Mit dem Snoezelenwagen ist es ähnlich. Ich habe endlich eine Methode, mit der ich bei immobilen Bewohnern arbeiten kann. Mit den Wagen fühle ich mich sicher. Es gibt auch Streichelhandschuhe oder kleine Massagegeräte, sodass ich nicht direkt berühren muss, wenn es mir oder den Bewohnern unangenehm ist.«*

**Stellen Sie sich vor, Sie würden in einer anderen Einrichtung anfangen – ohne Tourenplan, ohne Aktivierungswagen und ohne Snoezelenwagen – Welche Gedanken haben Sie dazu?**
*»Oh nein, das mache ich nicht. Das ist so anstrengend – nicht zu wissen, wohin man gehen soll und ohne Material zu arbeiten. Nein, danke. Ich bin ja auch schon mal auf einem anderen Wohnbereich eingesprungen. Da kannte ich die Bewohner nicht so gut. Und die, die im Zimmer sind, schon gar nicht. Aber ich hatte den Tourenplan von der Station dabei und bin den abgelaufen. Das war kein Problem für mich, sehr effektiv und ich habe in wenigen Stunden alles getan, was eine Betreuungskraft, die auf dem Wohnbereich länger arbeitet, sonst auch schafft. Wenn ich mir vorstelle, ich hätte auf dem Wohnbereich ohne Tourenplan arbeiten müssen – da wäre ich verloren gewesen und die Bewohner*innen hätten auch keine gute Betreuung erhalten.«*

**Wenn Sie zusammenfassend die Zeit vorher und nun betrachten: Macht Ihnen die Arbeit nun mehr Spaß oder haben Sie sich vorher freier in Ihren Möglichkeiten gefühlt?**
*»Zuerst habe ich gedacht, ich bin in meinen Möglichkeiten eingeschränkter und ich kann nicht so kreativ und frei meinen Tag gestalten. Aber ich weiß – wenn ich den Aktivierungswagen nicht brauche und meine Bewohner über einen anderen Weg erreiche – dann geht das ja auch. Und ich weiß, dass ich, wenn ich den Bewohner am Vormittag nicht antreffe, auch nachmittags hingehen kann. Ich kann meinen Tag trotzdem noch frei gestalten.*

*Ich habe auch mehr Freude an der Arbeit, weil ich sehe, dass effektive Betreuungsarbeit auch bei den Bewohnern ankommt. Ich sehe, dass sie sich verändern, dass sie aktiver sind. Und ich sehe, dass ich Zugang zu bestimmten Bewohnern bekomme, die ich vorher wahrscheinlich gemieden hätte. Das freut mich auch total.«*

**Haben die Veränderungen im Sozialen Dienst ihre Position/Tätigkeit als Betreuungskraft aufgewertet oder sehen Sie ihre Rolle als Betreuungskraft unverändert oder abgewertet?**

*»Ich glaube, die Pflegekräfte sehen uns jetzt mit anderen Augen. Sie sehen, dass wir etwas tun. Ich glaube ohne Tourenplan, Aktivierungswagen und dem Snoezelen wurde unsere Arbeit nicht wahrgenommen, weil sie nicht sichtbar war.«*

# 9 Ein Wort zum Schluss

»... und wenn sie nicht gestorben sind, dann leben sie noch heute ...« So wie wir mit einem Märchen begonnen haben, so möchte ich mit diesem Satz auch zum Schluss kommen. Ein Schluss mit einem Happy End – zumindest habe ich dieses Gefühl nach Umsetzung meiner Methode gehabt.

Möglicherweise sind Sie noch skeptisch? Mit Sicherheit haben Sie einige Kritikpunkte, die sich beim Lesen für Sie ergeben haben. Mit meiner Vorgehensweise bin ich bereits auf Kritik gestoßen und gerne möchte ich diese letzten Seiten noch dazu nutzen auf diese Kritik einzugehen.

**»Mit einem Tourenplan bin ich nicht mehr flexibel und pädagogisch zu arbeiten, heißt auch flexibel handeln zu können«**

Meine Herangehensweise ist sehr analytisch und mit Sicherheit wird der ein oder andere Pädagoge skeptisch darauf blicken. Auch ich habe im Studium gelernt, flexibel auf Menschen einzugehen und mein pädagogisches Knowhow der Situation anzupassen. Allerdings ist diese pädagogische Herangehensweise im Kontext der Pflegeeinrichtung aus zweierlei Gründen problematisch:

1. Zunächst einmal soll die Betreuung im Rahmen der Pflegeplanung möglichst genau geplant werden und
2. zum anderen sind Betreuungskräfte, die die hauptsächliche Betreuungsarbeit leisten, in der Regel Quereinsteiger ohne pädagogische Grundausbildung.

Die Erwartung, Betreuungskräfte seien ebenfalls in der Lage, flexibel und pädagogisch auf Situationen eingehen zu können, könnte möglicherweise zu Frustrationen auf allen Ebenen führen. Diese beiden Punkte sind letztendlich ausschlaggebend für eine sehr gut organisierte und impulsgebende Betreuungsarbeit, welche ich tagtäglich praktiziere.

Nichtsdestotrotz bietet auch ein Tourenplan Raum für Flexibilität: Der Bewohner ist müde, hat Lust auf etwas anderes, ist gerade verhindert oder bittet, dass die Betreuungskraft später kommt? Kein Problem: Der nächste Bewohner wird aufgesucht und in der Dokumentation wird darauf verwiesen, dass der Bewohner zu der geplanten Zeit nicht bereit war für die Beschäftigung. Der Zeitpunkt kann auf dem Tourenplan und im Maßnahmeplan individuell verschoben werden. Letztendlich ist der Tourenplan nur das Abbild der Maßnahmepläne der gesamten Bewohnerschaft.

**»Betreuungskräfte sollen selbst kreativ sein. Impulse für Betreuungskräfte zu geben – dazu habe ich keine Lust«**
Es wäre sehr schön, wenn Betreuungskräfte durchgehend super motiviert und über die Maßen kreativ wären. Aber auch die am besten qualifizierte Kraft ist nicht durchgängig kreativ. Die besten Einfälle kommen meist, wenn ein Impuls von außen kommt – in Form von Brainstorming im Team, Impulsen von Kolleg*innen, aus einem Buch oder auch aus dem TV. Wenn also meine Kreativität von Impulsen abhängt, kann die Leitung des Sozialen Dienstes auch Impulsgeber für die Betreuungskräfte werden.



**»Die Betreuungskräfte sollen ihr Material selbst mitbringen!«**
Das wäre mit Sicherheit einfacher und platzsparender. Wenn wir uns aber in die Rolle der Betreuungskraft versetzen, die auf Jobsuche ist – in welcher Einrichtung beginnt diese Betreuungskraft wohl eher – in der Einrichtung mit der Fundgrube an Materialien oder in der Einrichtung, bei der sie ihr Material selbst mitbringen muss?

Auch wenn wir nun am Ende anbelangt sind: Es ist nichts in Stein gemeißelt. Gerade meine Erfahrung im Sozialen Dienst hat mich gelehrt, dass man flexibel und kreativ herangehen muss und auch manchmal eigene Vorstellungen über Bord werfen muss. Auch Altgedientes taugt nicht immer und muss stets neu gedacht und an die jeweilige Situation angepasst werden.

# *Anhang*

## Planung der Werbeaktivitäten im Jahr

| Maßnahme | Thema | Ideen/Anregungen | Jan | Feb | Mrz | Apr | Mai | Jun | Jul | Aug | Sep | Okt | Nov | Dez |
|---|---|---|---|---|---|---|---|---|---|---|---|---|---|---|
| Externe Veranstaltung | | | | | | | | | | | | | | |
| Weitere Veranstaltungen | | | | | | | | | | | | | | |
| Jahreszeit-abhängige Veranstaltungen | | | | | | | | | | | | | | |
| Kirchliche Veranstaltungen | | | | | | | | | | | | | | |
| Vorträge | | | | | | | | | | | | | | |

## Bedarfsanalyse

| Zimmer | Bewohner | Zimmer-besuch | Aktivierungs-runde | Snoezel-runde | Gruppen-angebot | Gottes-dienst | Klein-gruppe |
|---|---|---|---|---|---|---|---|

## Tourenplan

**Ablauf Tour 1** **09:00–16:30** **WB xx**

Stand:

| Uhrzeit | Maßnahme | Zimmer | Bewohner |
|---|---|---|---|
| **09:30–09:40** | Einzelbetreuung | | |
| **09:45–09:55** | Einzelbetreuung | | |
| **10:00–10:10** | Einzelbetreuung | | |
| **10:30–10:40** | Einzelbetreuung | | |
| **10:45–10:50** | Einzelbetreuung | | |
| **10:55–11:05** | Einzelbetreuung | | |
| **11:10–11:20** | Einzelbetreuung | | |
| **11:25–11:35** | Einzelbetreuung | | |
| **11:40–11:50** | Einzelbetreuung | | |

| 12:00–12:30 | Mittagsrunde |
|---|---|
| **12:30 h–13:00h** | Pause |

| Uhrzeit | Maßnahme | Zimmer | Bewohner |
|---|---|---|---|
| **15:30 h** | Gruppenangebot entsprechend Planung | | |
| | Gruppenangebot entsprechend Planung | | |
| | Gruppenangebot entsprechend Planung | | |
| | Gruppenangebot entsprechend Planung | | |
| | Gruppenangebot entsprechend Planung | | |
| | Gruppenangebot entsprechend Planung | | |
| | Gruppenangebot entsprechend Planung | | |

| 16:00–16:30 | Doku nachmittag |
|---|---|

# Literatur


Champagne T (2019): Sensorische Modulation für Menschen mit Demenz – Assessment und Aktivitäten für eine sensorisch anregende Umgebung zur Bedürfnisbefriedigung und Wahrnehmungsförderung. Hogrefe, Bern.

Deutsches Netzwerk für Qualitätsentwicklung in der Pflege (DNQP) (2019): Expertenstandard Beziehungsgestaltung in der Pflege von Menschen mit Demenz. Sonderdruck einschließlich Kommentierung und Literaturstudie. Osnabrück.

Götte R (2017): Zuwendung und Anregung – 333 erprobte Vorschläge für die Beschäftigung von Menschen mit Demenz. Beltz Juventa Verlag

Held C (2018): Was ist »gute« Demenzpflege? – Verändertes Selbsterleben bei Demenz – ein Praxisbuch für Pflegende. 2., vollständig überarbeitete und ergänzte Auflage. Hogrefe, Bern.

Kiefer B, Rudert B (2007): Der therapeutische Tischbesuch. TTB – die wertschätzende Kurzaktivierung. Vincentz Network, Hannover.

Kitwood T (2004): Demenz. Der person-zentrierte Ansatz mit verwirrten Menschen. (3. erweiterte Aufl.). Deutschsprachige Ausgabe hrsg. von C. Müller-Hergl. Huber, Bern.

Klein H (2011): 10 nach 10 – Montessori für Demenzkranke. Renate Götz Verlag, Dörfles.

Jettenberger M (2013): Wohlbefinden steigern! Kleine Begegnungen mit großer Wirkung. 50 Anregungen für den Pflegealltag. Verlag an der Ruhr.

Lindner E (2013): Aktivierung in der Altenpflege: Arbeitsmaterialien für die Praxis. Elsevier, München.

Lindner E (2007): Feste Feiern: Arbeitsmaterial für die Seniorenarbeit. Elsevier, München

Mallek N (2018): Kurzaktivierungen für Senioren: die beliebtesten Aktivierungsideen für Senioren. SingLiesel, Karlsruhe.

Medizinischer Dienst Bund (2022): Qualitätsprüfungs-Richtlinien Transparenzvereinbarung Grundlagen der Qualitätsprüfungen nach den §§ 114 ff SGB XI Teil 2 – Stationäre Pflege.

Meyer S (2018): Die Märchenstube: 10 ausgearbeitete Märchenstunden für die Alltagsbegleitung von Menschen mit Demenz. Verlag an der Ruhr, Mülheim.

Schloffer H, Gabriel I, Prang E (2017): Stundenkonzepte für Menschen mit Demenz in der Pflege. Werteorientierte Gruppenarbeit- Validierende Aktivierung. 2., vollständig überarbeitete und ergänzte Auflage. Springer, Heidelberg.

Schmidt-Hackenberg U (2013): 10-Minuten-Aktivierung als Methode. Vincentz Network, Hannover.

Völkel I (2015): Betreuungsassistenz: Lehrbuch für Demenz- und Alltagsbegleitung. Elsevier, München.

# Register

MIX
Papier | Fördert gute Waldnutzung
FSC® C083411

Zeitfracht Medien GmbH
Ferdinand-Jühlke-Straße 7
99095 Erfurt, Deutschland
produktsicherheit@kolibri360.de